Mikrovalovna Čarobija

Hitri in Okusni Obroki iz Mikrovalovke

Matej Kovač

Kazalo

Orehove čokoladne kapljice 15

Orange Nut Drops 15

Mešane oreščke in čokoladne kapljice 15

Nut Candy 16

Sladkor z orehi in medom 17

Sladkor iz mandljev in medu s pomarančo 17

Choc-a-bloc sladkarije 18

Mocha Choc-a-bloc sladkarije 19

Okrašeni Choc-a-bloc bonboni 19

Marshmallow Ginger Fudge 20

Marshmallow Raisin Fudge 20

Marshmallow Nut Fudge 21

Čokoladni tartufi 21

Kavni tartufi 22

Šerijevi ali rumovi tartufi 22

Oranžni tartufi 22

Petit Fours s češnjami 23

Fondanti s poprovo meto 23

Čokoladni fondanti s poprovo meto 24

Kavni fondanti 24

Rose Fondants 24

Sadni fondanti 25

Džem iz suhih marelic 25

Marelična marmelada z mandlji 26

Marelična marmelada s pomarančo 26

Marelična marmelada z viskijem 26

Večsadna marmelada 27

Marmelada z viskijem 28

Zrela marmelada 28

Limonina skuta 29

Pomarančna skuta 30

Limetina skuta 30

Mešana čebulna marmelada 31

Jabolčni čatni 32

Jabolčni in hruškov čatni 33

Jabolčni, rdeči paradižnik in marelični čatni 33

Chutney iz zelenega paradižnika 34

Chutney iz banane in zelene paprike 34

Temni slivov čatni 34

Kumarice za kruh in maslo 35

POLNJENI rogljički 36

Kremni sir in kumarice 36

Majoneza s šunko in solato 36

Puran in zeljna solata 37

Okusno arašidovo maslo in zelena solata 37

Camembert in žele iz rdečega ribeza 38

Cheddar in Piccalilli 38

Govedina in vložena čebula 39

Pica Rogljiček 39

Skuta in limona 40

Pikantna marmelada in banana 40

Čokolada in banana 41

Pečen fižol na toastu 41

Cheesy fižol na toastu 41

Špageti na toastu 42

Napitna postrv 42

Tuna Rarebit z majonezo 43

Maslene mehke sledove ikre s česnom 43

Morska plošča v prelivu za koktajle 44

Kitajska morska plošča 45

Sladko-kisli zeliščni sled 46

'Poširan' losos 46

Citrus Skate s koriandrom 47

Skuša s pestom 48

Tandoori Skuša 49

Vahnja s tisočerimi cvetovi in rakovico 50

Trska z limono in timijanom 51

Trska dobre žene 52

Trska v francoskem slogu 53

Manhattan Cod 54

Trska v kariju s kokosom 55

Ribja vinaigrette 56

Jugged Kipper 56

Finnan Haddock 57

Ribja pita 58

Madžarski piščanec 59

Hitri piščanec à la King 60

Lovski piščanec 61

Piščanec z bučo 62

Piščanec v kijevski omaki 63

Penang arašidov piščanec 64

Piščančja omaka z zelenjavo 65

Dieterjev vložen piščanec s čebulo 66

Začinjen piščanec v korenčkovi omaki 67

Piščanec s fižolovimi kalčki 68

Chutney piščanec 69

Ananasov piščanec 69

Tex-Mex in piščanec z avokadom 70

Sladko-kisli piščanec s cikorijo 71

Fire Flung Chicken 72

portugalski portovec 73

Mock Chicken Stir-fry 74

Piščančja in riževa juha 75

Piščanec z gobami 75

Gorčični zajec 76

Brbotajoči zajec 77

Turčija in mali grah 78

Puran s suhimi slivami in armagnacom 79

Puran v jabolčniku 80

Roza Turčija 81

Puranji burger 82

Variacije puranjih hamburgerjev 82

Hitra goveja in zelenjavna enolončnica 83

Goveja enolončnica z mešano zelenjavo 83

Goveja enolončnica s karijem 83

Na kratko rezana bolonjska omaka 84

Bolonjska omaka z vinom 85

Polnjena paprika 85

Poper, polnjen z gamonom 86

Mleti svinjski golaž 86

Madžarske mesne paprike 86

Goveji burger 87

Variacije govejega burgerja 87

King Burger 88

Ogromen Cheeseburger 88

Corned Beef Hash 89

Haš z jajcem 89

Ponarejena kitajska rebra 90

Rdeča rebra 90

Sadni gammon 91

Posušena svinjina 92

Svinjina v špagetih z omako 93

Jagnjetina Kebab 93

Kebab s klobasami 94

Viktorijanski jagnječji kotleti 94

Kratka jetra in čebula 94

Dušena jetra s slanino in grahom 95

Poprane ledvice 95

Jabolčne ledvice 96

Poširano jajce na kolačku s sirovo omako 97

Navadna omleta 97

Variacije omlet 97

Umešana jajca v kozarcu 98

Krompirjeva 'Pica' 98

Brokoli z zeliščno sirno omako 99

Poper, polnjen z orehi 100

Vroči avokado 101

Cvetača v marinadi 102

Cvetačni sir s peteršiljem 103

Dušena zelena s slanino in sirom 103

Dušena čebula s parmsko šunko in parmezanom 104

Jajčevci polnjeni s pinjolami 105

Pikantni fižolovi kalčki 106

Buča na maslu 107

Topla solata z avokadom 107

Kremni šampinjoni z roquefortom in česnom 108

Vroča riževa solata 108

rižev sir 110

Dušena jabolka 111

Dušene marelice 111

Topel sadni puh 112

Dušena rabarbara 112

Pečeno jabolko, polnjeno z limonino skuto 113

Poper Jagode 114

Puding iz mletega riževega mleka 114

Puding Tea Bun v jajčni kremi 115

Brokoli s sirom Supreme 116

Guvetch 117

Sir iz zelene s slanino 118

Artičok sir s slanino 119

Karelijski krompir 120

Nizozemska enolončnica iz krompirja in gavde s paradižniki 121

Na maslu namazan in napihnjen sladki krompir s smetano 121

Maître d'Hôtel Sladki krompir 122

Kremni krompir 123

Kremni krompir s peteršiljem 124

Kremni krompir s sirom 124

Madžarski krompir s papriko 125

Krompir Dauphine 126

Savojski krompir 127

Château krompir 127

Krompir z omako iz mandljevega masla 128

Gorčica in limetin paradižnik 129

Dušena kumara 130

Dušena kumara s pernodom 130

Marrow Espagnole 131

Gratin iz bučk in paradižnika 132

Bučke z brinovimi jagodami 133

Kitajski listi na maslu s Pernodom 134

Fižolovi kalčki na kitajski način 135

Korenje s pomarančo 136

Dušena cikorija 137

Dušeno korenje z limeto 138

Koromač v šeriju 139

V vinu dušen por s šunko 140

Pečen por 141

Solirana zelena 141

Paprike polnjene z mesom 142

Mesno polnjene paprike s paradižnikom 143

Puranje polnjene paprike z limono in timijanom 143

Kremne gobe na poljski način 144

Paprika gobe 145

Gobe s karijem 145

Lentil Dhal 146

Dhal s čebulo in paradižniki 148

Zelenjavni Madras 150

Mešani zelenjavni curry 152

Želeirana sredozemska solata 154

Grška solata v želeju 155

Ruska solata v želeju 155

Kolerabina solata z gorčično majonezo 156

Skodelice rdeče pese, zelene in jabolk 157

Mock Waldorf Cups 158

Solata iz zelene s česnom, majonezo in pistacijami 158

Kontinentalna solata iz zelene 159

Solata iz zelene s slanino 160

Artičokina solata s papriko in jajci v toplem prelivu 161

Nadev iz žajblja in čebule 162

Nadev iz zelene in pesta 163

Nadev iz pora in paradižnika 163

Nadev iz slanine 164

Slanina in marelični nadev 165

Nadev iz gob, limone in timijana 165

Nadev iz gob in pora 166

Nadev iz šunke in ananasa 167

Azijski nadev iz gob in indijskih oreščkov 168

Nadev iz šunke in korenja 169

Nadev iz šunke, banan in sladke koruze 169

Italijanski nadev 170

Španski nadev 171

Pomarančni in koriandrov nadev 171

Nadev iz limete in koriandra 172

Pomarančni in marelični nadev 173

Nadev iz jabolk, rozin in orehov 174

Nadev iz jabolk, suhih sliv in brazilskih oreščkov 175

Nadev iz jabolk, datljev in lešnikov 175

Nadev iz česna, rožmarina in limone 176

Nadev iz česna, rožmarina in limone s parmezanom 177

Nadev iz morskih sadežev 177

Nadev iz parmske šunke 178

Nadev iz klobas 178

Nadev iz klobas in jeter 179

Nadev iz klobas in sladke koruze 179

Nadev iz klobas in pomaranč 179

Kostanjev nadev z jajcem 180

Kostanjev in brusnični nadev 181

Kremni kostanjev nadev 181

Kremni nadev iz kostanja in klobas 182

Kremni kostanjev nadev s celimi kostanji 182

Kostanjev nadev s peteršiljem in timijanom 183

Kostanjev nadev z gamonom 184

Nadev iz piščančjih jeter 185

Nadev iz piščančjih jeter z orehi orehi in pomarančo 186

Nadev s trojnimi orehi 186

Nadev iz krompirja in puranjih jeter 187

Rižev nadev z zelišči 188

Španski rižev nadev s paradižnikom 189

Nadev iz sadnega riža 190

Daljni vzhodni rižev nadev 191

Slani rižev nadev z orehi 191

Čokoladni hrustljavi kolački 192

Torta s hudičevo hrano 193

Mocha torta 194

Večplastna torta 195

Črna gozdna češnjeva torta 195

Čokoladno pomarančni gateau 196

Torta s čokoladno masleno kremo 197

Čokoladna Mocha torta 198

Pomarančno-čokoladna plast torta 198

Dvojna čokoladna torta 198

Torta s stepeno smetano in orehi 199

Božični Gâteau 200

Ameriški rjavčki 201

Čokoladni piškoti z orehi 202

Oaten Toffee Trikotniki 202

Muesli trikotniki 203

Čokoladne kraljice 203

Flaky Chocolate Queenies 204

Zajtrk z otrobi in ananasovo torto 205

Hrustljava torta s sadnim čokoladnim biskvitom 206

Hrustljava torta s sadjem Mocha Biscuit 207

Hrustljava torta s sadnim rumom in rozinami 207

Hrustljava torta s sadnim viskijem in pomarančnim biskvitom.... 207

Crunch torta s sadjem iz bele čokolade 208

Dvoslojni marelično-malinov Cheesecake 208

Cheesecake iz arašidovega masla 211

Lemon Curd Cheesecake 212

Čokoladni Cheesecake 212

Sharon sadna torta s sirom 213

Borovničev Cheesecake 214

Pečen limonin kolač s sirom 215

Cheesecake iz pečene limete 216

Pečen Cheesecake iz črnega ribeza 216

Pečen malinov Cheesecake 216

Čokoladni fondue 217

Pomarančni čokoladni fondue 217

Naredi 24

Čudovita božična darila so tudi odličen prigrizek po večerji ob kavi.

400 g/14 oz navadne (polsladke) čokolade (70 % kakava)
175 g/6 oz/1½ skodelice grobo sesekljanih orehov, rahlo opečenih

Čokolado nalomimo in damo v skledo mešalnika. Talite, nepokrite, pri odmrzovanju približno 5 minut, kar pustite dodatnih 30 sekund, če jih vzamete iz hladilnika. Dvakrat premešamo, nato vmešamo še orehe. 24 zvrhanih čajnih žlič zmesi stresemo na pekače, obložene z namaščenim (povoskanim) papirjem. Ohladite do trdega. Previdno odstranite papir in ga shranite v nepredušni pločevinki v hladilniku do tri tedne.

Orange Nut Drops

Naredi 24

Pripravite kot orehove čokoladne kapljice, vendar čokoladi in oreščkom vmešajte 10 ml/2 žlički naribane pomarančne lupinice.

Mešane oreščke in čokoladne kapljice

Naredi 24

Pripravite kot orehove čokoladne kapljice, vendar samostojno sesekljane orehe zamenjajte z rahlo opečenimi sesekljanimi mešanimi orehi.

Nut Candy

Tehta 450 g/1 lb

350 g/12 oz/1½ skodelice svetlo mehkega rjavega sladkorja
150 ml/¼ pt/2/3 skodelice mleka
50 g/2 oz/¼ skodelice zlatega (svetlega koruznega) sirupa
30 ml/2 žlici masla
5 ml/1 žlička vanilije
50 g/2 oz/½ skodelice orehov, grobo sesekljanih

Plitvo okroglo, kvadratno ali ovalno posodo s prostornino 1 litra/1¾ pt/4½ skodelice temeljito namažite z maslom. Vse sestavine razen oreščkov dajte v posodo s prostornino 1,75 l/3 pt/7½ skodelice. Kuhajte brez pokrova na polni moči 14 minut in štirikrat ali petkrat premešajte z leseno kuhalnico. Odstranite iz mikrovalovne pečice, nato postavite v umivalnik z dovolj hladne vode, da pride do polovice zunanje strani posode. Pustite 8 minut, nato dvignite in obrišite dno in stranice do suhega. Dodajte orehe in sladkarije močno stepajte nekaj minut, dokler ne začnejo svetleti. (To je težko delo!) Razporedite po pripravljeni posodi in pustite strjevati. Odstranite iz posode tako, da dvignete z nožem, nato pa sladkarije nalomite na koščke. Shranjujte v nepredušni pločevinki ali kozarcu.

Sladkor z orehi in medom

Tehta 450 g/1 lb

Pripravite kot Nut Candy, vendar sirup nadomestite s čistim medom.

Sladkor iz mandljev in medu s pomarančo

Tehta 450 g/1 lb

Operite 50 g/2 oz/½ skodelice mandljev v rjavi lupini. Toast po navodilih na strani 205. Pripravite Nut Candy, vendar sirup zamenjajte z medom in ostalim sestavinam dodajte 5 ml/1 žličko drobno naribane pomarančne lupinice. Pred stepanjem dodajte mandlje.

Tehta 900 g/2 lb

Križanec med sladkarijami in hrustljavimi sladkarijami, se precej trdno strdi, a z ostrim nožem zlahka prereže. Samo za sladkosnede!

450 g/1 lb navadne (polsladke) čokolade

50 g/2 oz/1/3 skodelice masla

45 ml/3 žlice dvojne (težke) smetane

5 ml/1 čajna žlička vaniljeve esence (izvleček)

450 g/1 lb/22/3 skodelice presejanega (slaščičarskega) sladkorja v prahu

Čokolado nalomimo in damo v skledo z maslom. Stopite, odkrito, na odmrzovanju 5½–7 minut. Vmešajte smetano in vanilijevo esenco. Z leseno žlico postopoma vmešajte sladkor v prahu. (To zahteva čas in trud.) Ko nastanejo veliki drobtine, jih s prsti enakomerno stresite v z maslom namazan 25 x 18 cm/10 x 7 plitek pravokoten pekač. Vrh zgladite z nožem, pomočenim v vročo vodo in iz nje. Globoko zarežite na približno 70 kosov in pustite, da se strdi, preden ga razrežete. Hraniti na hladnem.

Mocha Choc-a-bloc sladkarije

Tehta 900 g/2 lb

Pripravite kot Choc-a-bloc Candy, vendar čokoladi in maslu, preden stopite, dodajte 20 ml/4 žličke instant kave v prahu ali zrncih.

Okrašeni Choc-a-bloc bonboni

Tehta 900 g/2 lb

Pripravite kot sladkarije Choc-a-bloc, vendar sladico narežite na koščke, ko je še v pločevinki, in v vsak kos vtisnite popečen lešnik.

Marshmallow Ginger Fudge

Naredi 350 g/12 oz

Hitro in varno.

50 g/2 oz/¼ skodelice masla
50 g/2 oz/¼ skodelice svetlo mehkega rjavega sladkorja
30 ml/2 žlici mleka
100 g/3½ oz marshmallowa
100 g/3½ oz (slaščičarskega) sladkorja, presejanega
50 g/2 oz konzerviranega ingverja, sesekljanega

Maslo dajte v posodo s 1,75 l/3 pt/7½ skodelice skupaj s sladkorjem in mlekom. Talite, nepokrito, na odmrzovanju 4 minute in dvakrat premešajte. Kuhajte na polni moči še 4 minute in dvakrat premešajte. Vmešajte marshmallows in kuhajte nepokrito na polni moči 30 sekund. Premešajte in nadaljujte s kuhanjem še 30 sekund. Z leseno žlico vmešajte sladkor v prahu. Na hitro premešamo, nato dodamo ingver. Razporedite v z maslom namazan 1 liter/1¾ pt/4¼ skodelice. Ko se ohladi, pokrijte in ohladite 2-3 ure, dokler se ne strdi. Narežite na kose in shranite v nepredušni posodi.

Marshmallow Raisin Fudge

Naredi 350 g/12 oz

Pripravite ga kot Marshmallow Ginger Fudge, vendar nasekljan ingver nadomestite s 50 g/2 oz/1/3 skodelice rozin.

Marshmallow Nut Fudge

Naredi 350 g/12 oz

Pripravite ga kot Marshmallow Ginger Fudge, vendar dodajte 50 g/2 oz/½ skodelice sesekljanih oreščkov.

Čokoladni tartufi

Naredi 15

100 g/3½ oz navadne (polsladke) čokolade
50 g/2 oz/¼ skodelice masla
50 g/2 oz/1/3 skodelice sladkorja v prahu (slaščičarskega),
presejanega
30 ml/2 žlici mletih mandljev
5 ml/1 čajna žlička vaniljeve esence (izvleček)
Kakav (nesladkana čokolada) v prahu

Čokolado nalomimo in damo v skledo z maslom. Stopite brez pokrova pri odmrzovanju 5–5 minut in pol. Z leseno žlico vmešajte sladkor v prahu, nato vmešajte mandlje in vanilijo. Prenesite v plitvo posodo, pokrijte in ohladite, dokler ni čvrsta, a ne trda. Razvaljajte v 15 kroglic, potresite s kakavom v prahu in položite v papirnate škatle za sladkarije (skodelice za sladkarije).

Kavni tartufi

Naredi 15

Pripravite kot čokoladne tartufe, vendar čokoladi in maslu, preden stopite, dodajte 15 ml/1 žlico instant kave v prahu ali zrncih. Izpustite vanilijevo esenco (ekstrakt).

Šerijevi ali rumovi tartufi

Naredi 15

Pripravite kot čokoladne tartufe, vendar vanilijevo esenco (ekstrakt) nadomestite s 5 ml/1 čajno žličko šerija ali ruma.

Oranžni tartufi

Naredi 15

Pripravite kot čokoladne tartufe, le da čokoladi in maslu, preden stopite, dodajte 5 ml/1 žličko drobno naribane pomarančne lupinice. Izpustite vanilijevo esenco (ekstrakt).

Petit Fours s češnjami

Naredi 12

100 g/3½ oz navadne (polsladke) čokolade
50 g/2 oz/½ skodelice navadnega digestivnega piškota (Graham
kreker) drobtin
6 razpolovljenih glaziranih (kandiranih) češenj različnih barv

Čokolado nalomimo v skledo. Stopite, nepokrito, na odmrzovanju 3–3 minute in pol. Vmešajte piškotne drobtine, nato pa enakomerno porazdelite po 12 papirnatih posodicah za sladkarije. Na vsako položite polovico češnje in pustite, da se strdi vsaj eno uro v hladilniku.

Fondanti s poprovo meto

Tehta 550 g/1¼ lb

50 g/2 oz/¼ skodelice nesoljenega (sladkega) masla
30 ml/2 žlici mleka
5 ml/1 čajna žlička esence poprove mete (izvleček)
450 g/1 lb/22/3 skodelic sladkorja v prahu (slaščičarskega),
presejanega, plus dodatek za posipanje

Maslo, mleko in esenco poprove mete dajte v posodo s prostornino 1,75 l/3 pt/7½ skodelice. Odkrito segrevajte pri odmrzovanju 3 minute. Delajte v odmerjenem sladkorju v prahu. Gnetite do gladkega, nato pa ga obrnite na površino, posuto s sladkorjem v prahu. Razvaljamo dokaj na tanko. Z rezalnikom 2,5 cm/1 v razrežite na 30 krogov. Pustite 2-3 ure, da se posušijo, nato prenesite v papirnate škatle za sladkarije (skodlice za sladkarije).

Čokoladni fondanti s poprovo meto

Tehta 550 g/1¼ lb

Pripravite kot za fondante s poprovo meto, vendar ko se fondanti posušijo, vrhove namažite s stopljenim mlekom ali navadno (polsladko) čokolado in pustite, dokler se ne strdi, preden jih položite v škatle.

Kavni fondanti

Tehta 550 g/1¼ lb

Pripravite ga kot fondante s poprovo meto, vendar poprovo meto nadomestite z 20 ml/4 žličke instant kave v prahu ali zrncih. Vsako okrasite s koščkom oreha ali pekan oreha.

Rose Fondants

Tehta 550 g/1¼ lb

Pripravite kot fondante s poprovo meto, vendar esenco poprove mete nadomestite s 5 ml/1 čajno žličko esence (izvlečka) vrtnice. Vsako okrasite s kristaliziranim (kandiranim) cvetnim listom vrtnice.

Sadni fondanti

Tehta 550 g/1¼ lb

Pripravite kot fondante s poprovo meto, vendar esenco poprove mete nadomestite s katero koli drugo sadno esenco (izvleček), kot je limona ali pomaranča.

Džem iz suhih marelic

Naredi 900 g/2 lb/22/3 skodelice

Dišeča marmelada finega okusa, ki se pogosto uporablja v visoki kuhinji.

225 g/8 oz suhih marelic, narezanih na četrtine
600 ml/1 pt/2½ skodelice hladne vode
900 g/2 lb/4 skodelice granuliranega sladkorja ali sladkorja za konzerviranje
Sok 1 velike limone, precejen

Marelice čez noč namočimo v vodi. Odcedite in postavite v 2,5-litrsko posodo z odmerjeno vodo. Kuhajte brez pokrova pri polni moči 15–20 minut, dokler sadje ni zelo mehko. Dodajte sladkor in limonin sok. Vrnite se v mikrovalovno pečico in kuhajte brez pokrova na polni moči 5–6 minut, trikrat premešajte z leseno žlico, dokler se sladkor ne raztopi. Nadaljujte s kuhanjem, še vedno nepokrito, 20–30 minut, dokler ne dosežete nastavitvene točke. Pustite, da se ohladi do mlačnega, nato preložite v lončke, pokrijte in označite.

Marelična marmelada z mandlji

Naredi 900 g/2 lb/22/3 skodelice

Pripravite kot džem iz suhih marelic, le da dodate 45–60 ml/3–4 žlice razpolovljenih blanširanih mandljev z limoninim sokom.

Marelična marmelada s pomarančo

Naredi 900 g/2 lb/22/3 skodelice

Pripravimo kot marmelado iz suhih marelic, le da dodamo drobno nastrgano lupinico 1 manjše pomaranče s sladkorjem.

Marelična marmelada z viskijem

Naredi 900 g/2 lb/22/3 skodelice

Pripravimo kot marmelado iz suhih marelic, le da kuhani, a še topli marmeladi primešamo 15–30 ml/1–2 žlici viskija.

Večsadna marmelada

Za 1,5 kg/3 lb/4 skodelice

Vrhunska marmelada, ki ima veliko zaslug mikrovalovke. Bistveno je, da marmelado pustite, dokler se skoraj ne ohladi, preden jo vstavite v posodo, da preprečite, da bi se lupina dvignila v kozarcu.

1 grenivka

1 pomaranča

1 limona

450 ml/¾ pt/2 skodelici vrele vode

1 kg/2¼ lb/4½ skodelice granuliranega sladkorja ali sladkorja za konzerviranje

Sadje na tanko olupite in lupino narežite na tanke, srednje ali debele rezine, kot želite. Vsak kos sadja razpolovite in iztisnite sok, morebitne peščice in belo peščico pa prihranite. Sok nalijte v posodo s prostornino 2,5 litra/4½ pt/11 skodelic. Pečke in sredico položite v kos bombažne tkanine, dobro zavežite in dodajte v skledo s sokom. Dodajte 300 ml/½ pt/1¼ skodelice vrele vode, pokrijte in pustite stati 1 uro. Prilijemo preostalo vodo, nato posodo pokrijemo s filmom za živila (plastično folijo) in jo dvakrat zarežemo, da lahko para uhaja. Kuhajte na polni moči 20–30 minut (čas je odvisen od debeline lupine sadja). Odkrijemo in vmešamo sladkor. Kuhajte brez pokrova na polni moči 8 minut in vsaj štirikrat premešajte, dokler se sladkor ne raztopi. Vrnite se v mikrovalovno pečico in nadaljujte s kuhanjem brez pokrova nadaljnjih 30–35 minut, vsakih 7–10 minut mešajte z leseno žlico, dokler ne dosežete strditve. Odstranite izmečke. Pustimo, da se ohladi do mlačnega, nato vrečko pečk in peščic zavržemo in preložimo v ogrete kozarce. Vsak kozarec napolnite s povoskanim diskom. Hladno pokrijte in označite.

Marmelada z viskijem

Za 1,5 kg/3 lb/4 skodelice

Pripravite kot marmelado z več sadji, vendar vmešajte 30 ml/2 žlici viskija takoj, ko marmelada doseže točko strjevanja.

Zrela marmelada

Za 1,5 kg/3 lb/4 skodelice

Pripravite kot marmelado iz več sadežev, lupino narežite na debele rezine. Dodajte 30 ml/2 žlici črnega melase (melase) s sladkorjem.

Limonina skuta

Naredi 450 g/1 lb/1 1/3 skodelic

Zelo sveža, zelo limonina in izjemno maslena tradicionalna konzerva.
Hraniti ga je treba v hladilniku, saj je hitro pokvarljiv.

125 g/4 oz/½ skodelice masla
3 jajca
1 rumenjak
225 g/8 oz/1 skodelica granuliranega sladkorja
Drobno naribana lupinica in sok 3 limon

Maslo dajte v posodo s prostornino 1,25 l/2¼ pt/5½ skodelice in ga brez pokrova segrevajte 4 minute pri odmrzovanju. Preostale sestavine stepemo in dodamo k maslu. Kuhajte nepokrito na polni moči 5 minut, pri tem pa vsako minuto stepajte z leseno žlico. Če se skuta zdi nekoliko redka, kuhajte dodatnih 30–60 sekund. Odstranite iz mikrovalovne pečice, ko je skuta gosta in gladko in enakomerno prekrije hrbtno stran žlice. Pustite stati 2 minuti. Naložimo v dva majhna kozarčka in pokrijemo kot za marmelado.

Pomarančna skuta

Naredi 450 g/1 lb/1 1/3 skodelic

Pripravite kot Lemon Curd, le da 2 limoni nadomestite z drobno naribano lupinico in sokom 2 pomaranč.

Limetina skuta

Naredi 450 g/1 lb/1 1/3 skodelic

Pripravite kot Lemon Curd, vendar 1 limono nadomestite z drobno naribano lupinico in sokom 2 limet.

Mešana čebulna marmelada

Služi za 4–6

Uporaba rdeče čebule in rdečega vina potemni marmelado in se izogne potrebi po počasnem kuhanju. Postrežemo k čvrstim ribjim, perutninskim in mesnim jedem.

45 ml/3 žlice masla

2 rdeči čebuli, zelo tanko narezani

4 šalotke, olupljene in narezane

1 bela čebula, zelo tanko narezana

1 por, zelo drobno narezan na kolobarje

2 stroka česna, zdrobljena

6 drobno sesekljanih mladih čebulic

45 ml/3 žlice suhega rdečega vina

2,5 ml/½ žličke sladnega kisa

25 ml/1½ žlice temnega mehkega rjavega sladkorja

10 ml/2 žlički sesekljanega majarona

5 ml/1 žlička soli

Sveže mleti črni poper

Maslo dajte v večjo posodo in ga približno 1–1½ minute stopite pri odmrzovanju. Zmešajte rdečo čebulo, šalotko, belo čebulo, por, česen in mlado čebulo. Pokrijte s krožnikom in kuhajte na polni moči 15–20 minut, trikrat premešajte, dokler se čebula ne zmehča. Zmešajte vse preostale sestavine. Pokrijte kot prej in kuhajte na polni moči 3 minute. Postrezite toplo ali hladno.

Jabolčni čatni

Tehta 900 g/2 lb

450 g/1 lb/4 skodelice grobo narezanih jabolk za kuhanje (tart)
1 velika čebula, naribana
15 ml/1 žlica soli
60 ml / 4 žlice vode
15 ml/1 žlica mešanice začimb za vlaganje
1 lovorjev list
350 ml/12 fl oz/manjka količina 1½ skodelice sladnega ali jabolčnega kisa
225 g/8 oz/1 skodelica temno mehkega rjavega sladkorja
1–2 stroka česna, strta
125 g/4 oz/1 skodelica narezanih datljev
125 g/4 oz/2/3 skodelice celih rozin
15 ml/1 žlica mletega ingverja ali za oreh velik kos svežega ingverja, olupljenega in drobno narezanega
5 ml/1 žlička mletega cimeta
5 ml/1 čajna žlička mešanice začimb (jabolčna pita).
1,5–2,5 ml/¼–½ žličke kajenskega popra (neobvezno)

Jabolka in čebulo dajte v posodo s prostornino 2,5 l/4½ pt/11 skodelic. Zmešajte sol in vodo. Pokrijte s krožnikom in kuhajte na polni moči 5 minut. Začimbo za vlaganje in lovorov list zavežemo v krpo in dodamo jabolčni zmesi z vsemi preostalimi sestavinami. Kuhajte brez pokrova na polni moči 30–40 minut in mešajte vsakih 6–7 minut, dokler se čatni ne zgosti do konsistence marmelade (konzervirajte). (Čatni lahko po potrebi kuhate še 5–10 minut, dokler ne dosežete želene gostote.) Odstranite in zavrzite vrečko z začimbami. Hladno pokrijemo in pustimo čez noč na hladnem, da okusi dozorijo. Preložimo v lončke in pokrijemo ter označimo kot za marmelado.

Jabolčni in hruškov čatni

Tehta 900 g/2 lb

Pripravite kot jabolčni čatni, vendar polovico sesekljanih jabolk nadomestite z 225 g/8 oz/2 skodelici grobo narezanih hrušk.

Jabolčni, rdeči paradižnik in marelični čatni

Tehta 900 g/2 lb

Pripravite kot jabolčni čatni, vendar polovico sesekljanih jabolk nadomestite z 225 g/8 oz/2 skodelici grobo narezanih rdečih paradižnikov, rozine pa z grobo narezanimi marelicami.

Chutney iz zelenega paradižnika

Tehta 900 g/2 lb

Pripravite kot jabolčni čatni, le da jabolka nadomestite z grobo narezanimi zelenimi paradižniki.

Chutney iz banane in zelene paprike

Tehta 900 g/2 lb

Pripravite kot jabolčni čatni, le da jabolka nadomestite z banano in vsem preostalim sestavinam dodate drobno sesekljano zeleno papriko brez semen.

Temni slivov čatni

Tehta 900 g/2 lb

Pripravite ga kot jabolčni čatni, le da jabolka nadomestite s koščičastimi (izkoščičenimi) slivami in dodate 1 zvezdasti janež začimbi za vlaganje za rahlo orientalski okus.

Kumarice za kruh in maslo

Tehta 750 g/1½ lb

Severnoameriški jasen okus, rahlo sladek, z značilno osebnostjo in bleščečim zlatim odtenkom kurkume. Lepo se poda k narezkom in hamburgerjem, sirom, perutnini in ocvrtim ribam, najbolje pa se obnese v sendvičih.

1 velika kumara (približno 450 g/1 lb), neolupljena in narezana na kot papir tanke rezine
2 veliki čebuli, olupljeni in narezani na kot papir tanke rezine
175 ml/6 fl oz/¾ skodelice brezbarvnega destiliranega sladnega kisa
175 g/6 oz/¾ skodelice (super finega) sladkorja
10 ml/2 žlički mešanice začimb za vlaganje
10 ml/2 žlički soli
1,5 ml/¼ žličke gorčice v prahu
1,5 ml/¼ žličke kurkume
4–5 škropljenj kopra (plevela kopra)

Rezine kumare in čebule damo v cedilo (cedilo) in pustimo stati 30 minut, da se odcedijo. Medtem nalijte kis v posodo s prostornino 2 litra/3½ pt/8½ skodelice. Vmešajte sladkor, začimbo za vlaganje, sol, gorčico in kurkumo. Odkrito segrevajte pri polni moči 5 minut in dvakrat premešajte. Zmešajte kumare, čebulo in koper. Odkrito segrevajte na polni moči 3 minute in dvakrat premešajte. Pustite, da se ohladi do mlačnega, nato prenesite v en velik ali dva srednja kozarca za marmelado (konzerviranje). Hladno pokrijte in shranite v hladilniku.

Naslednji recepti vsebujejo nekaj okusnih idej z rogljički.

Kremni sir in kumarice

1 rogljiček
30 ml/2 žlici polnomastnega ali nemastnega kremnega sira
15 ml/1 žlica sladke kisle kumarice
1 majhen paradižnik, narezan na tanke rezine

Rogljiček razpolovimo in prerezane stranice namažemo s sirom. Sendvič skupaj s kumaricami in paradižnikom. Postavite na krožnik in nepokrito segrevajte pri odmrzovanju 30–35 sekund, dokler se ne segreje.

Majoneza s šunko in solato

1 rogljiček
15 ml/1 žlica blage polnozrnate gorčice
2 tanki rezini šunke
15 ml/1 žlica majoneze
1 manjša narezana kuhana rdeča pesa (rdeča pesa)

Rogljiček razpolovimo in prerezane stranice namažemo z gorčico.
Sendvič skupaj s preostalimi sestavinami. Postavite na krožnik in
nepokrito segrevajte pri odmrzovanju 30–35 sekund, dokler se ne
segreje.

Puran in zeljna solata

1 rogljiček

Maslo ali margarina

2 rezini mrzlega purana iz pečene ptice ali zavojčka

30 ml/2 žlici zeljne solate

Rogljiček razpolovimo in prerezane stranice namažemo z maslom ali
margarino. Sendvič skupaj s preostalimi sestavinami. Postavite na
krožnik in nepokrito segrevajte pri odmrzovanju 35–40 sekund, dokler
se ne segreje.

Okusno arašidovo maslo in zelena solata

1 rogljiček

Gladko arašidovo maslo

Ekstrakt kvasa

Mehki listi zelene solate

Rogljiček razpolovite in prerezane stranice namažite z arašidovim
maslom in nato z izvlečkom kvasa. Sendvič skupaj z 2 ali 3 listi zelene

solate. Postavite na krožnik in nepokrito segrevajte pri odmrzovanju 20–25 sekund, dokler se ne segreje.

Camembert in žele iz rdečega ribeza

1 rogljiček

Maslo ali margarina

3 rezine sira camembert, odstraniti zunanjo skorjo
10–15 ml/2–3 žličke želeja rdečega ribeza (prozorno konzervirano)

Rogljiček razpolovimo in prerezane stranice namažemo z maslom ali margarino. Sendvič skupaj s sirom in žlicami želeja iz rdečega ribeza. Postavite na krožnik in nepokrito segrevajte pri odmrzovanju 30–35 sekund, dokler se ne segreje.

Cheddar in Piccalilli

1 rogljiček

Maslo ali margarina

2–3 tanke rezine sira Cheddar

15 ml/1 žlica piccalilli

Rogljiček razpolovimo in prerezane stranice namažemo z maslom ali margarino. Sendvič skupaj s sirom in pikalili. Postavite na krožnik in nepokrito segrevajte pri odmrzovanju 30–35 sekund, dokler se ne segreje.

Govedina in vložena čebula

1 rogljiček

Kremni hren

2–3 rezine hladne pečenke

1 rjavo vložena čebula, narezana na tanke rezine

Rogljiček razpolovimo in prerezane stranice namažemo s smetano iz hrena. Sendvič skupaj z govedino in rezinami čebule. Postavite na krožnik in nepokrito segrevajte pri odmrzovanju 30–35 sekund, dokler se ne segreje.

Pica Rogljiček

1 rogljiček

15–20 ml/3–4 žličke pesta

3 tanke rezine sira Mozzarella

1 majhen paradižnik, narezan na tanke rezine

2 črni olivi brez koščic (neobvezno)

Rogljiček razpolovimo in prerezane stranice namažemo s pestom. Sendvič skupaj s preostalimi sestavinami. Postavite na krožnik in nepokrito segrevajte pri odmrzovanju 40 sekund, dokler se ne segreje.

Skuta in limona

1 rogljiček

Limonina skuta

30 ml/2 žlici skute

1 manjše jabolko, naribano

Rogljiček razpolovimo in prerezane stranice namažemo z limonino skuto. Sendvič skupaj s skuto in jabolkom. Postavite na krožnik in nepokrito segrevajte na odmrzovanju 25–30 sekund, dokler se ne segreje.

Pikantna marmelada in banana

1 rogljiček

15 ml/1 žlica rdeče marmelade (konzerviraj)

1 majhna banana, narezana na rezine

Mleti cimet

Rogljiček razpolovimo in prerezane stranice namažemo z marmelado. Sendvič skupaj z rezinami banan in potresemo s cimetom. Postavite na krožnik in nepokrito segrevajte na odmrzovanju 25–30 sekund, dokler se ne segreje.

Čokolada in banana

Pripravimo kot pikantno marmelado in banano, le da marmelado nadomestimo s čokoladnim namazom (konzerviramo).

Pečen fižol na toastu

Tradicionalno priljubljeno, v mikrovalovni pečici pri odmrzovanju, da fižol ne poči.

1 velika rezina toasta
Maslo ali margarina (neobvezno)
150 g/5 oz/2/3 skodelice pečenega fižola v paradižnikovi omaki

Toast preložimo na krožnik. Pustite navadne ali namažite z maslom ali margarino. Na vrh potresemo fižol. Odkrito segrevajte pri odmrzovanju 3 minute in pol, dokler se ne segreje.

Cheesy fižol na toastu

Služi 1

Pripravite kot za pečen fižol na toastu, vendar na vrh fižola potresite 45 ml/3 žlice naribanega sira čedar. Kuhajte dodatnih 15–20 sekund.

Špageti na toastu

Služi 1

1 velika rezina toasta
Maslo ali margarina (neobvezno)
213 g/7½ oz/1 majhna pločevinka špagetov v paradižnikovi omaki

Toast preložimo na krožnik. Pustite navadne ali namažite z maslom ali margarino. Na vrh položite špagete. Odkrito segrevajte na polni moči 2–2¼ minuti, dokler se ne segreje.

Napitna postrv

1 cela postrv, očiščena in oprana
15 ml/1 žlica masla ali margarine
Sol in sveže mlet črni poper
paprika
30 ml/2 žlici šerija

Postrv damo na krožnik. Stopite maslo ali margarino, nepokrito, na polni moči 30 sekund. Vmešajte vse preostale sestavine in z žlico prelijte ribe. Pokrijte s filmom za živila (plastično folijo) in ga dvakrat zarežite, da lahko para uhaja. Kuhajte na odmrzovanju 8 minut. Pustite stati 1 minuto pred jedjo.

42

Tuna Rarebit z majonezo

1 velika rezina belega ali rjavega toasta

30 ml/2 žlici majoneze

100 g/3½ oz konzervirane tune v olju, v kosmičih

30 ml/2 žlici naribanega čedar sira

paprika

Toast preložimo na krožnik in namažemo z majonezo. Vrh enakomerno potresemo s tuno. Potresemo s sirom in potresemo s papriko. Segrevajte nepokrito na polni moči 2 minuti.

Maslene mehke sledove ikre s česnom

125 g/4 oz mehkih sledovih iker, opranih in odcejenih

15 ml/1 žlica masla ali margarine

1 strok česna, olupljen

Sol in sveže mlet črni poper

1–2 mladi čebuli (glava čebula), sesekljani

Toast, za serviranje

Ikre dajte v majhno, a globoko posodo. Potresemo z majhnimi koščki masla ali margarine in po vrhu strmo česen. Začinimo po okusu. Pokrijte s filmom za živila (plastično folijo) in ga dvakrat zarežite, da lahko para uhaja. Kuhajte na odmrzovanju 5 minut. Pustite stati 1 minuto. Odkrijte in potresite s čebulo. Jejte s toastom.

Morska plošča v prelivu za koktajle

30 ml/2 žlici paradižnikovega kečapa (catsup)

45 ml/3 žlice goste majoneze

5 ml/1 žlička Worcestershire omake

5 ml/1 čajna žlička srednje suhega šerija

1,5 ml/¼ žličke omake Tabasco

1 majhna morska plošča, približno 225 g/8 oz, očiščena in obrezana

1 mlada čebula (čebula), sesekljana

Zmešajte paradižnikov ketchup, majonezo, Worcestershire omako, šeri in tabasko. Ribe položite na krožnik. Premažemo z omako in potresemo s čebulo. Pokrijte s filmom za živila (plastično folijo) in ga dvakrat zarežite, da lahko para uhaja. Kuhajte na polni moči 3½–4 minute, dokler lupina ne začne lomiti. Pustite stati 1 minuto pred jedjo.

Kitajska morska plošča

Domača jed, ki se odlično poda k jajčnim rezancem

1 kos svežega ingverja v velikosti oreha, olupljen in narezan

1 strok česna, zdrobljen

15 ml/1 žlica teriyaki omake

2,5 ml/½ žličke Worcestershire omake

10 ml/2 žlički sesekljanih koriandrovih listov

1 majhna morska plošča, približno 225 g/8 oz, očiščena in obrezana

1 mlada čebula (čebula), sesekljana

Zmešajte ingver, česen, teriyaki omako, Worcestershire omako in koriander. Ribe položite na krožnik. Premažemo z mešanico zelišč in omake ter potresemo s čebulo. Pokrijte s filmom za živila (plastično folijo) in ga dvakrat zarežite, da lahko para uhaja. Kuhajte na polni moči 3½–4 minute, dokler lupina ne začne lomiti. Pustite stati 1 minuto pred jedjo.

Sladko-kisli zeliščni sled

Pekoča različica dušenega sleda.

1 svež sled, očiščen, odstranjena glava in opran
Sol in sveže mlet črni poper
15 ml/1 žlica jabolčnega kisa
2,5 ml/½ žličke mešanice posušenih zelišč
2,5 ml/½ žličke mehkega rjavega sladkorja

Sled položite na krožnik z mesom navzgor. Potresemo s soljo in poprom. Stepite kis z zelišči in sladkorjem ter z žlico prelijte ribe. Pokrijte s filmom za živila (plastično folijo) in ga dvakrat zarežite, da lahko para uhaja. Kuhajte na odmrzovanju 3½–4 minute, dokler se meso ne lušči in postane mehko. Pustite stati 1 minuto pred jedjo.

'Poširan' losos

1 zrezek lososa, približno 200 g/7 oz, opran in posušen
30 ml/2 žlici limoninega soka
30 ml/2 žlici belega vina ali vode

Lososa dajte v plitvo okroglo posodo. Zalijemo z limoninim sokom in vinom ali vodo. Potresemo s soljo in poprom. Pokrijte s filmom za živila (plastično folijo) in ga dvakrat zarežite, da lahko para uhaja. Kuhajte pri odmrzovanju 6–7 minut. Pustite stati 1½ minute. Jejte toplo s stopljenim maslom ali hladno z majonezo.

Citrus Skate s koriandrom

1 kos pahljačastega skejt krila, približno 200 g/7 oz

15 ml/1 žlica arašidovega (arašidovega) ali koruznega olja

45 ml/3 žlice sveže iztisnjenega pomarančnega soka

30 ml/2 žlici drobno narezanih listov koriandra (cilantra).

Kitajski jajčni rezanci, sveže kuhani

10 ml/2 žlički sezamovega olja

Baby sladka koruza (koruza), za postrežbo (neobvezno)

Ribe položite na velik krožnik. Zmešajte arašidovo ali koruzno olje in pomaranchni sok ter 1 minuto segrevajte nepokrito na odmrzovanju. Žlico čez drsalko. Potresemo s koriandrom. Pokrijte s filmom za živila (plastično folijo) in ga dvakrat zarežite, da lahko para uhaja. Kuhajte na polni moči 4 minute. Pustite stati 1 minuto. Dodajte sezamovo olje k rezancem v ponvi in temeljito premešajte. Pojejte skate z rezanci in mlado sladko koruzo, če vam je všeč.

Ribo položite na krožnik z mesom navzgor. Paradižnikov sok stepemo s pestom in limonino lupinico ter z žlico prelijemo ribe. Potresemo s soljo in poprom. Pokrijte s filmom za živila (plastično folijo) in ga dvakrat zarežite, da lahko para uhaja. Kuhajte na odmrzovanju 3½–4 minute, dokler se meso ne lušči. Pustite stati 1 minuto, preden jeste s pogreto ciabatto ali kuhanimi makaroni.

Tandoori Skuša

1 skuša, očiščena, odstranjena glava in oprana

15 ml/1 žlica limoninega soka

Sol

5 ml/1 čajna žlička začimbe tandoori

Mešana solata

1 naan kruh

Ribo položite na krožnik z mesom navzgor. Potresemo z limoninim sokom, soljo po okusu in mešanico začimb. Pokrijte s filmom za živila (plastično folijo) in ga dvakrat zarežite, da lahko para uhaja. Kuhajte na odmrzovanju 3½–4 minute, dokler se meso ne lušči in postane mehko. Pustite stati 1 minuto, preden zaužijete s solato in naan kruhom.

Vahnja s tisočerimi cvetovi in rakovico

*1 vahnji zrezek ali kos fileja brez kože, približno 200 g, opran in
posušen*

45 ml/3 žlice obdelanega raka

2,5 cm/1 kos sveže korenine ingverja, sesekljane

1 mlada čebula (čebula), sesekljana

1 strok česna, zdrobljen

25 ml/1½ žlice goste majoneze

2,5 ml/½ žličke sojine omake

2,5 ml/½ žličke čilijeve omake

5 ml/1 žlička sladnega kisa

Ribe položite na krožnik. Rakovico stresite v majhno posodo z
ingverjem, čebulo in česnom. Vmešajte preostale sestavine in temeljito
premešajte. Z nožem razporedite po ribah. Pokrijte s filmom za živila
(plastično folijo) in ga dvakrat zarežite, da lahko para uhaja. Kuhajte
na odmrzovanju 8½ minut. Pustite stati 1½ minute pred jedjo.

Blag zeliščni preliv odlično dopolnjuje ribe. Po želji uporabite osliča ali vahnjo.

1 zrezek polenovke, približno 200 g/7 oz, opran in posušen

10 ml/2 žlički masla ali margarine

30 ml/2 žlici enojne (lahke) smetane

30 ml/2 žlici suhe mešanice za nadev iz limone in timijana

paprika

30 ml/2 žlici sesekljanega peteršilja

Ribo dajte v plitko okroglo posodo. Maslo ali margarino raztopite na odmrzovanju približno 30 sekund. Vmešamo smetano in prelijemo ribe. Po vrhu potresemo mešanico za nadev in potresemo s papriko za dodatno barvo. Pokrijte s filmom za živila (plastično folijo) in ga dvakrat zarežite, da lahko para uhaja. Kuhajte pri odmrzovanju 6–7 minut. Pustite stati 1½ minute. Pred uživanjem ribe potresemo s peteršiljem.

Trska dobre žene

Klasika, znana tudi kot bonne femme. V kulinariki to pomeni vse, kar je kuhano s čebulo, gobami in neprekajeno slanino.

30 ml/2 žlici masla ali margarine
1 majhna čebula, grobo sesekljana
4 gobe z zaprto kapico, obrezane in narezane
2 rezini (rezini) puste nedimljene slanine, narezane na trakove
1 velik zrezek polenovke, približno 225 g/8 oz
Sesekljan peteršilj, za okras

Maslo ali margarino dajte v 600 ml/1 pt/2½ skodelice okrogle plitke posode. Stopite, nepokrito, na odmrzovanju 1½ minute. Zmešajte čebulo, gobe in slanino. Pokrijte s filmom za živila (plastično folijo) in ga dvakrat zarežite, da lahko para uhaja. Kuhajte na polni moči 2 minuti. Premešajte, nato pa na vrh položite ribe. Pokrijte kot prej in kuhajte pri polni moči 4½–5 minut. Pustite stati 1 minuto. Odkrijemo in potresemo s peteršiljem. Jejte takoj.

225 g fileja polenovke, odrezanega na debelejšem koncu

50 g/2 oz narezanih gob

15 ml/1 žlica masla ali margarine

1 strok česna, zdrobljen

5 ml/1 žlička francoske gorčice

15 ml/1 žlica suhega belega vina ali kalvadosa

Sol

Polenovko damo na krožnik in potresemo z gobami. Preostale sestavine dajte v majhno posodo, dodajte sol po okusu in segrevajte brez pokrova na odmrzovanju 1½ minute. Z žlico preložimo ribe in gobe. Pokrijte s filmom za živila (plastično folijo) in ga dvakrat zarežite, da lahko para uhaja. Kuhajte na polni moči 4 minute. Pustite stati 1 minuto pred jedjo.

Manhattan Cod

1 velik zrezek polenovke, približno 225 g/8 oz
50 g/2 oz kremnega sira s česnom in zelišči
25 g/1 oz/¼ skodelice močnega sira Cheddar, naribanega
15 ml/1 žlica paradižnikovega kečapa (catsup)
15 ml/1 žlica zdrobljenih koruznih kosmičev ali krompirjevega čipsa
(čips)

Ribe položite v plitko okroglo posodo s prostornino 600 ml/1 pt/2½ skodelice. Namažemo s kremnim sirom in potresemo s čedar sirom. Po vrhu prelijte kečap. Pokrijte s filmom za živila (plastično folijo) in ga dvakrat zarežite, da lahko para uhaja. Kuhajte na polni moči 5 minut. Pustite stati 1 minuto. Odkrijte in potresite s koruznimi kosmiči ali čipsom. Jejte takoj.

Trska v kariju s kokosom

225 g/8 oz očiščen file polenovke, odrezan na debelejšem koncu

15 ml/1 žlica masla ali margarine, na kuhinjski temperaturi

2,5 ml/½ žličke blagega curryja

15 ml/1 žlica fino posušenega (nastrganega) kokosa

15 ml/1 žlica enojne (lahke) smetane

Sol in sveže mlet črni poper

paprika

Sesekljani listi koriandra (cilantra) za okras

Polenovko damo na krožnik in pustimo ob strani. Maslo ali margarino, kari, kokos in smetano dajte v manjšo skledo in dobro premešajte. Odkrito segrevajte pri odmrzovanju 1 minuto. Z žlico prelijte polenovko in jo potresite s soljo in poprom po okusu. Potresemo s papriko. Pokrijte s filmom za živila (plastično folijo) in ga dvakrat zarežite, da lahko para uhaja. Kuhajte na polni moči 4 minute. Pustite stati 1 minuto. Odkrijemo in potresemo s koriandrom. Jejte takoj.

Ribja vinaigrette

225 g/8 oz očiščen file polenovke ali vahnje, odrezan na debelejšem
koncu
30 ml/2 žlici kupljenega vinaigrette iz česna in zelišč
6 svežih listov pehtrana ali bazilike ali vejic vodne kreše

Ribe položite na krožnik in jih premažite z vinaigreto. Potresemo z listi zelišč ali vejicami vodne kreše. Pokrijte s filmom za živila (plastično folijo) in ga dvakrat zarežite, da lahko para uhaja. Kuhajte na polni moči 4 minute. Pustite stati 1 minuto pred jedjo.

Jugged Kipper

Predstavljajte si ... Kipper brez dolgotrajnega vonja! Nekoč so kiper
kuhali tako, da so ga pustili v vrču z vročo vodo, vendar tudi ta metoda
mikrovalovne pečice opravi brezhibno in podobno delo.

1 srednji file kiperja, odmrznjen, če je zamrznjen
Maslo ali margarina

Koper položite v plitvo kvadratno posodo s premerom 20 cm/8. Prilijemo le toliko hladne vode, da so ribe prekrite. Pokrijte s filmom za živila (plastično folijo) in ga dvakrat zarežite, da lahko para uhaja. Kuhajte pri polni moči 6 minut. Pustite stati 2 minuti. Odkrijte in odcedite. Postrezite s koščkom masla ali margarine.

Finnan Haddock

125 g/4 oz kos dimljenega fileja vahnje, odrezan na debelejšem koncu
300 ml/½ pt/1¼ skodelice hladne vode
Maslo ali margarina ali 1 poširano jajce za serviranje (neobvezno)

Ribe položite v plitko okroglo posodo s prostornino 600 ml/1 pt/2½ skodelice. Dodajte polovico vode. Pokrijte s filmom za živila (plastično folijo) in ga dvakrat zarežite, da lahko para uhaja. Kuhajte na polni moči 3 minute. Odkrijte in odcedite. Ponovite, uporabite preostalo vodo in pokrijte kot prej. Odkrijte in ponovno odcedite, nato pa kuhajte na polni moči še 2 minuti. Odkrijte in odcedite. Prenesite na krožnik in na vrh položite košček masla ali margarine ali, kot je običajno, poširano jajce.

Ribja pita

175 g/6 oz mokatega krompirja, olupljenega in narezanega na kocke

45 ml/3 žlice hladne vode

Sol

5 ml/1 žlička masla ali margarine

15 ml/1 žlica mleka

15 ml/1 žlica sesekljanega peteršilja

225 g/8 oz katere koli bele ribe brez kože ali fileja lososa

30 ml/2 žlici zdrobljenega krompirjevega čipsa (čipsa) ali koruznih

kosmičev

Krompir dajte v okroglo posodo s prostornino 600 ml/1 pt/2½ skodelice. Dodajte 30 ml/2 žlici vode in 2,5 ml/½ žličke soli. Pokrijte s filmom za živila (plastično folijo) in ga dvakrat zarežite, da lahko para uhaja. Kuhajte na polni moči 4 minute. Pustite stati 1 minuto. Odcedimo in z maslom ali margarino ter mlekom drobno pretlačimo. Z vilicami vmešamo peteršilj. Ribe dajte v manjšo okroglo posodo in jih posolite. Dodamo preostalo hladno vodo. Pokrijte kot prej in kuhajte na polni moči 3 minute. Odcedimo in nakosmičimo. Združite s krompirjevo mešanico. Razporedite v čisto z maslom namazan pekač. Potresemo s čipsom ali koruznimi kosmiči. Ponovno segrevajte, nepokrito, na polni moči 2 minuti.

Madžarski piščanec

Velika poslastica, ki temelji na madžarski klasiki.

1 piščančja prsa brez kosti, približno 150 g/5 oz, brez kože

15 ml/1 žlica posušenih mešanih poprovih kosmičev

15 ml/1 žlica posušenih narezanih gob

15 ml/1 žlica posušene čebule

45 ml/3 žlice vrele vode

60 ml/4 žlice kisle (mlečne kisle) smetane

15 ml/1 žlica paradižnikove mezge (pasta)

5 ml/1 žlička paprike

Sol in sveže mlet črni poper

Kuhane testenine ali mlad krompir za serviranje

Piščanca operemo in osušimo s kuhinjskim papirjem. Narežemo na ozke trakove, nato odstavimo. Vso posušeno zelenjavo dajte v okroglo posodo s 600 ml/1 pt/2½ skodelice in premešajte v vodi. Pokrijte s filmom za živila (plastično folijo) in ga dvakrat zarežite, da lahko para uhaja. Kuhajte na odmrzovanju 5 minut. Pustite stati 4 minute. Na vrh položite piščančje trakove. Pokrijte kot prej in kuhajte na polni 2 minuti. Zmešajte preostale sestavine, začinite po okusu. Vmešajte piščanca in zelenjavo. Pokrijte kot prej in kuhajte na polni moči 3 minute. Pustite stati 2 minuti. Preden zaužijete sveže kuhane testenine ali mladi krompir, premešajte.

Hitri piščanec à la King

Od šestdesetih in sedemdesetih let, ko se je tukaj začela uveljavljati hrana iz Severne Amerike. Jejte z navadnim kolačem (biskvitom) ali popečenim kolačkom ali kolačkom.

1 piščančja prsa z delno kostjo, približno 200 g/7 oz, brez kože

15 ml/1 žlica posušenih mešanih poprovih kosmičev

15 ml/1 žlica posušenih narezanih gob

7,5 ml/1½ žličke koruzne moke (koruznega škroba)

30 ml/2 žlici srednje suhega sherryja

75 ml/5 žlic enojne (lahke) smetane ali polnomastnega mleka

Sol in sveže mlet črni poper

Piščanca dajte v okroglo posodo s prostornino 600 ml/1 pt/2½ skodelice. Potresemo s poprovimi kosmiči in gobami. Pokrijte s filmom za živila (plastično folijo) in ga dvakrat zarežite, da lahko para uhaja. Kuhajte na polni moči 4 minute. Koruzno moko gladko zmešamo s šerijem, nato pa vmešamo smetano ali mleko. Začinimo po okusu. Piščanca odkrijemo in premažemo z mešanico koruzne moke. Pokrijte kot prej in kuhajte na polni 2 minuti in pol. Pred jedjo pustite stati 2½ minuti.

60

Lovski piščanec

Izvirno italijanska je topla in značilna enolončnica z okusom črnih oliv. Jejte z rižem, krompirjevimi njoki ali otroškimi testeninami.

1 piščančja prsa z delno kostjo, približno 200 g/7 oz
1 strok česna, zdrobljen
50 g gob, narezanih na tanke rezine
8 črnih oliv
2 paradižnika, blanširana, olupljena in narezana
10 ml/2 žlički sesekljanih listov bazilike
Sol

Piščanca operemo in osušimo s kuhinjskim papirjem. Postavite v posodo s 600 ml/1 pt/2½ skodelice. Potresemo s česnom. Pokrijte s filmom za živila (plastično folijo) in ga dvakrat zarežite, da lahko para uhaja. Kuhajte na polni moči 4 minute. Odkriti. Piščanca napolnite z vsemi preostalimi sestavinami, po okusu posolite. Pokrijte kot prej in kuhajte na polni 2 minuti. Pustite stati 2 minuti pred jedjo.

Piščanec z bučo

Posebnost za noč čarovnic.

1 piščančja prsa brez kosti, približno 150 g/5 oz, brez kože
2 rezini (rezini) progaste slanine, sesekljane
50 g/2 oz/¾ skodelice na kocke narezanega bučnega mesa
50 g/2 oz narezanih gob
5 ml/1 žlička koruzne moke (koruznega škroba)
5 ml/1 čajna žlička praška za osnovo ali 10 ml/2 čajne žličke zrnca za
omako
60 ml/4 žlice jabolčnega soka ali vode
Sol in sveže mlet črni poper

Piščanca operemo in osušimo na kuhinjskem papirju. Narežemo na trakove. Dajte v okroglo posodo s prostornino 600 ml/1 pt/2½ skodelice. Slanino vmešajte v piščanca s preostalimi sestavinami, začinite po okusu. Pokrijte s filmom za živila (plastično folijo) in ga dvakrat zarežite, da lahko para uhaja. Kuhajte pri polni moči 6 minut. Pustite stati 1½ minute, nato pa pred jedjo premešajte.

Piščanec v kijevski omaki

Izvirna priredba priljubljenega v supermarketu.

1 piščančja prsa z delno kostjo, približno 200 g/7 oz, brez kože
Sol in sveže mlet črni poper
15 ml/1 žlica masla
30 ml/2 žlici sesekljanega peteršilja
1 strok česna, zdrobljen
10 ml/2 žlički limoninega soka

Piščanca dajte v okroglo posodo s prostornino 600 ml/1 pt/2½ skodelice. Začinimo po okusu. Maslo ali margarino raztopite na odmrzovanju približno 1 minuto. Zmešajte preostale sestavine in z žlico prelijte piščanca. Pokrijte s filmom za živila (plastično folijo) in ga dvakrat zarežite, da lahko para uhaja. Kuhajte na polni moči 5 minut. Pustite stati 2 minuti pred jedjo.

225 g piščančjih beder brez kože

45 ml/3 žlice gladkega arašidovega masla

1,5 ml/¼ žličke paprike

1 strok česna, zdrobljen

15 ml/1 žlica posušenega (nastrganega) kokosa

75 ml/5 žlic mleka

15 ml/1 žlica limetinega soka

Z ostrim nožem na dveh mestih zarežite meso vsakega stegna. Razporedite v 600 ml/1 pt/2½ skodelice okrogel krožnik. Pokrijte s filmom za živila (plastično folijo) in ga dvakrat zarežite, da lahko para uhaja. Kuhajte na polni moči 4 minute. Pustite stati 2 minuti. Odkriti. Zmešajte preostale sestavine in z žlico prelijte piščanca. Kuhajte brez pokrova na odmrzovanju 3 minute in pol. Mešajte krog. Pokrijte kot prej in kuhajte na polni 2 minuti. Pustite stati 3 minute pred jedjo.

Piščančja omaka z zelenjavo

15 ml/1 žlica oljčnega ali koruznega olja

1 večji korenček, nariban

1 velika čebula, naribana

2 stebli zelene, na tanke rezine

1 piščančja prsa brez kosti, približno 150 g/5 oz, brez kože

3 zrele paradižnike, blanširane, olupljene in narezane

45 ml/3 žlice rdečega ali rosé vina

Sol in sveže mlet črni poper

2,5 ml/½ žličke posušene mešanice zelišč

Olje nalijte v okroglo posodo s prostornino 600 ml/1 pt/2½ skodelice. Odkrito segrevajte pri odmrzovanju 1 minuto. Zmešajte zelenjavo. Kuhajte brez pokrova na polni moči 3 minute. Piščančje meso na dveh mestih zarežemo z ostrim nožem. Razporedite po vrhu zelenjave. Zalijemo s paradižniki in vinom. Začinimo po okusu in po vrhu potresemo zelišča. Pokrijte s filmom za živila (plastično folijo) in ga dvakrat zarežite, da lahko para uhaja. Kuhajte pri polni moči 7½ minut. Pustite stati 4 minute pred jedjo.

Dieterjev vložen piščanec s čebulo

Brez težav in z zelo malo maščob.

225 g piščančjih beder brez kože

1,5 ml/¼ žličke paprike

5 ml/1 čajna žlička praška za osnovo ali 10 ml/2 čajne žličke zrnca za omako

10 ml/2 žlički vroče vode

2,5 ml/½ žličke Worcestershire omake

2 rjavi kisli čebuli, na tanko narezani

Piščanca položite v okroglo posodo s prostornino 600 ml/1 pt/2½ skodelice. Potresemo s papriko. Preostale sestavine razen čebule temeljito premešajte. Nalijte okrog piščanca in na vrh položite rezine čebule. Pokrijte s filmom za živila (plastično folijo) in ga dvakrat zarežite, da lahko para uhaja. Kuhajte na polni moči 5½ minut. Pustite stati 2 minuti pred jedjo.

Začinjen piščanec v korenčkovi omaki

225 g piščančjih beder brez kože

5 ml/1 čajna žlička srednje velikega curryja

200 g/7 oz/1 majhna konzerva korenja, odcejenega

2 ščepca mletega ingverja

1,5 ml/¼ žličke česnove soli

2,5 ml/½ žličke koruzne moke (koruznega škroba)

15 ml/1 žlica hladnega mleka

Piščanca položite v okroglo posodo s prostornino 600 ml/1 pt/2½ skodelice in potresite s karijem. Pokrijte s filmom za živila (plastično folijo) in ga dvakrat zarežite, da lahko para uhaja. Kuhajte na polni moči 5 minut. Medtem drobno pretlačimo korenje. Zmešajte preostale sestavine. Piščanca odkrijemo in obložimo s korenčkovo mešanico. Pokrijte kot prej in kuhajte na polni 2 minuti in pol. Pustite stati 3 minute pred jedjo.

75 g/3 oz svežih fižolovih kalčkov, opranih in odcejenih

3 mlade čebule (glava čebula), sesekljane

225 g piščančjih beder brez kože

7,5 ml/1½ čajne žličke zrnc za omako ali jušnega prahu

30 ml/2 žlici vrele vode

10 ml/2 žlički srednje suhega šerija

Sol in sveže mlet črni poper

Kuhan jasminov riž ali kitajski rezanci za postrežbo

Fižolove kalčke dajte v okroglo posodo s prostornino 600 ml/1 pt/2½ skodelice. Čez potresemo mlado čebulo. Po vrhu razporedite piščanca. Granule omake ali prašek za juho zmešajte z vodo, nato vmešajte šeri. Začinimo po okusu. Z žlico prelijte piščanca. Pokrijte s filmom za živila (plastično folijo) in ga dvakrat zarežite, da lahko para uhaja. Kuhajte na polni moči 5½–6 minut. Pustite stati 3 minute, preden jeste z jasminovim rižem ali rezanci.

Chutney piščanec

225 g piščančjih krač brez kože

2 zreli breskvi ali nektarini, razpolovljeni, razkoščičeni (razkoščičeni)

in narezani na kocke

Svež limonin ali limetin sok

paprika

Sol

45 ml/3 žlice mangovega čatnija

2 ugriznjena datlja

Z ostrim nožem na treh mestih zarežite meso vsakega bedra. Narezano sadje dajte na sredino krožnika in pokapajte z limoninim ali limetinim sokom. Po vrhu razporedimo bedra, mesnate dele proti robu krožnika. Potresemo s papriko in soljo ter prelijemo s čatnijem. Pokrijte s filmom za živila (plastično folijo) in ga dvakrat zarežite, da lahko para uhaja. Kuhajte pri polni moči 6 minut. Pustite stati 4 minute. Pred jedjo odkrijte in okrasite z datlji.

Ananasov piščanec

Za okus po Havajih pripravite kot piščanca s čatnijem, vendar na kocke narezane breskve ali nektarine nadomestite 1 kolobar ananasa v pločevinki. Za okras potresemo s popečenim kokosom.

Tex-Mex in piščanec z avokadom

225 g piščančjih krač brez kože

1 zrel majhen-srednji avokado

5–10 ml/1–2 žlički čilijeve omake

10 ml/2 žlički svežega limetinega soka

2 paradižnika, blanširana, olupljena in grobo narezana

2,5 ml/½ žličke soli

Tortilja čips, za postrežbo

Z ostrim nožem na treh mestih zarežite meso vsakega bedra. Razporedite v krožnik s premerom 20 cm/7 palcev, z mesnatimi deli proti robu. Pokrijte s filmom za živila (plastično folijo) in ga dvakrat zarežite, da lahko para uhaja. Kuhajte na polni moči 4 minute. Avokado prepolovite in izdolbite meso. Na drobno pretlačite s čilijevo omako in limetinim sokom. Piščanca odkrijte in premažite z mešanico avokada. Na vrh položite paradižnik in potresite s soljo. Pokrijte kot prej in kuhajte na polni temperaturi 2½–3 minute. Pustite stati 3 minute, preden jeste s tortiljinim čipsom.

Sladko-kisli piščanec s cikorijo

225 g piščančjih krač brez kože

1 glavica radiča (belgijske endivije), narezana

1 steblo zelene, na tanko narezano

15 ml/1 žlica sojine omake

15 ml/1 žlica sladnega ali riževega kisa

15 ml/1 žlica čistega medu

Z ostrim nožem na treh mestih zarežite meso vsakega bedra. Razporedite na globok krožnik, mesnate dele proti robu. Cikoriji odstranite stožčasto sredico iz dna, da zmanjšate grenkobo. Radič po dolžini razpolovite in ga s prerezano stranjo navzdol položite na vsako stran piščanca. Po vrhu potresemo rezine zelene. Preostale sestavine stepemo in prelijemo čez piščanca. Pokrijte s filmom za živila (plastično folijo) in ga dvakrat zarežite, da lahko para uhaja. Kuhajte pri polni moči 6½–7 minut. Pustite stati 3 minute pred jedjo.

Fire Flung Chicken

225 g piščančjih krač brez kože

90 ml/6 žlic gostega kremastega navadnega jogurta

*5 ml/1 žlička ustekl=
čenega kremnega hrena*

5 ml/1 čajna žlička kontinentalne gorčice

2,5 ml/½ žličke paprike

2,5 ml/½ žličke čebulne ali česnove soli

30 ml/2 žlici soljenih arašidov, grobo sesekljanih

Kuhan mladi krompir in zelena solata za serviranje

Z ostrim nožem na treh mestih zarežite meso vsakega bedra. Razporedite v posodo s prostornino 600 ml/1 pt/2½ skodelice, z mesnatimi deli proti robu. Pokrijte s filmom za živila (plastično folijo) in ga dvakrat zarežite, da lahko para uhaja. Kuhajte na polni moči 5 minut. Jogurt, hren, gorčico, papriko in čebulo ali česnovo sol dobro premešamo. Piščanca odkrijemo in obložimo z jogurtovo mešanico in arašidi. Pokrijte kot prej in kuhajte na polni 2 minuti. Pustite stati 3 minute pred jedjo.

portugalski portovec

225 g/8 oz piščančjih krač

1 strok česna, zdrobljen

1,5 ml/¼ žličke posušenega timijana

Sol in sveže mlet črni poper

paprika

75 g/3 oz narezanih gob

30 ml/2 žlici port

Z ostrim nožem na treh mestih zarežite meso vsakega bedra. Razporedite v posodo s prostornino 600 ml/1 pt/2½ skodelice, z mesnatimi deli proti robu. Potresemo s česnom in timijanom ter soljo, poprom in papriko po okusu. Pokrijte s filmom za živila (plastično folijo) in ga dvakrat zarežite, da lahko para uhaja. Kuhajte na polni moči 4 minute. Odkrijte in obdajte z gobami. Prelijemo čez portovec. Pokrijte kot zgoraj in kuhajte na polni temperaturi 3 minute. Pustite stati 3 minute pred jedjo.

Mock Chicken Stir-fry

1 bučka (bučka), narezana na tanke rezine
4 mlade čebule (glava čebula), sesekljane
1 piščančja prsa brez kosti, približno 150 g/5 oz, olupljena
15 ml/1 žlica sojine omake

Rezine bučk razporedite po dnu 600 ml/1 pt/2½ skodelice posode in potresite čebulo. Piščančje meso na dveh mestih zarežemo z ostrim nožem. Razporedite po zelenjavi in premažite s sojino omako. Pokrijte s filmom za živila (plastično folijo) in ga dvakrat zarežite, da lahko para uhaja. Kuhajte pri polni moči 4–4 minute in pol. Pustite stati 3 minute pred jedjo.

Piščančja in riževa juha

200 g/7 oz piščančjih peruti

15 ml/1 žlica dolgozrnatega riža za enostavno kuhanje

15 ml/1 žlica posušene narezane čebule

15 ml/1 žlica sesekljanih listov peteršilja ali koriandra (cilantra).

5 ml/1 čajna žlička zrnc za omako ali prah za juho

150 ml/¼ pt/2/3 skodelice vroče vode

Sol in sveže mlet črni poper

Piščanca dajte v posodo s prostornino 600 ml/1 pt/2½ skodelice. Pokrijte s filmom za živila (plastično folijo) in ga dvakrat zarežite, da lahko para uhaja. Kuhajte pri polni moči 2 minuti in pol. Pustite stati 2 minuti. Odkrijte in dodajte riž, čebulo, zelišča in zrnca za omako ali osnovo v prahu, pomešano z vodo. Začinimo po okusu. Pokrijte kot prej in kuhajte pri odmrzovanju 7 minut. Pustite stati 3 minute pred jedjo.

Piščanec z gobami

200 g/7 oz mesa piščančjih prsi, narezanega na kocke

150 ml/5 fl oz/½ pločevinke kondenzirane kremne gobove juhe

30 ml/2 žlici praženih (narezanih) mandljev

Piščanca razporedite v ohlapen obroč v posodo s prostornino 600 ml/1 pt/2½ skodelice. Pokrijte s filmom za živila (plastično folijo) in ga dvakrat zarežite, da lahko para uhaja. Kuhajte pri polni moči 2 minuti in pol. Juho odkrijemo in dobro premešamo. Pokrijte kot prej in kuhajte na odmrzovanju 4 minute. Pustite stati 2 minuti. Odkrijte in potresite z mandlji. Jejte takoj.

Gorčični zajec

225 g/8 oz kosov zajca

10 ml/2 žlički koruzne moke (koruznega škroba)

5 ml/1 čajna žlička angleške gorčice v prahu

Sol

25 ml/1½ žlice paradižnikovega kečapa (catsup)

150 ml/¼ pt/2/3 skodelice polnomastnega mleka

Zajca razporedite v 600 ml/1 pt/2½ skodelice. Pokrijte s filmom za živila (plastično folijo) in ga dvakrat zarežite, da lahko para uhaja. Kuhajte na polni moči 3 minute. Medtem zmešamo koruzno moko (koruzni škrob), gorčico in sol po okusu. Postopoma vmešajte kečap in mleko ter mešajte, dokler ni gladka. Zajca odkrijemo in premažemo z gorčično mešanico. Pokrijte kot prej in kuhajte na polni temperaturi 3 minute in pol. Pustite stati 3 minute pred jedjo.

Brbotajoči zajec

225 g/8 oz kosov zajca

1 majhna čebula, zelo tanko narezana in ločena na kolobarje

25 ml/1½ žlice koruzne moke (koruznega škroba)

½ pločevinke ali majhne steklenice gazirane mineralne vode z okusom

limete ali limone

5 ml/1 čajna žlička zrnc za omako ali prah za juho

15 ml/1 žlica vroče vode

Sol in sveže mlet črni poper

Zajca razporedite v posodo s prostornino 600 ml/1 pt/2½ skodelice in nanj položite čebulne obročke. Pokrijte s filmom za živila (plastično folijo) in ga dvakrat zarežite, da lahko para uhaja. Kuhajte na polni moči 3 minute in pol. Preostale sestavine zmešajte do gladkega. Zajca odkrijte in prelijte z mešanico omake. Pokrijte kot prej in kuhajte na polni temperaturi 3 minute in pol. Pustite stati 3 minute pred jedjo.

Turčija in mali grah

175 g/6 oz ocvrtega purana

15 ml/1 žlica navadne (univerzalne) moke

3 rjave v kisu vložene čebule, na tanke rezine

60 ml/4 žlice petit pois, v pločevinkah ali zamrznjenih

30 ml/2 žlici mleka

Sol in sveže mlet črni poper

30 ml/2 žlici zdrobljenega krompirjevega čipsa (čipsa)

1 krompir v lupini za postrežbo

Purana dajte v posodo s prostornino 600 ml/1 pt/2½ skodelice. Pokrijte s filmom za živila (plastično folijo) in ga dvakrat zarežite, da lahko para uhaja. Kuhajte na polni moči 3 minute. Odkrijte in premešajte. Zmešajte vse preostale sestavine razen čipsa. Pokrijte kot zgoraj in kuhajte na polni 2 minuti. Pustite stati 2 minuti. Odkrijemo, premešamo in potresemo s čipsom. Krompirjevo ovojnico razrežemo in napolnimo ter delno premažemo s puranjo mešanico.

Suhe slive namočimo v topli vodi 1 uro. Purana in por dajte v 600 ml/1 pt/2½ skodelice. Vmešamo moko. Pokrijte s filmom za živila (plastično folijo) in ga dvakrat zarežite, da lahko para uhaja. Kuhajte na polni moči 4 minute. Odkrijte in vmešajte suhe slive, vodo za namakanje in vse preostale sestavine ter začinite po okusu. Pokrijte kot prej in kuhajte na polni 2 minuti. Pustite stati 3 minute pred jedjo.

Puran v jabolčniku

10 ml/2 žlički masla ali margarine

175 g/6 oz fileja puranjih prsi, narezanih na majhne kocke

1 strok česna, zdrobljen

15 ml/1 žlica koruzne moke (koruznega škroba)

Sol po okusu

5 ml/1 čajna žlička zrnc za omako ali prah za juho

2,5–5 ml/½–1 čajne žličke gorčice v prahu

120 ml/4 fl oz/½ skodelice suhega jabolčnika

Pire krompir in zelena zelenjava, za serviranje

V posodo s 600 ml/1 pt/2½ skodelice dajte maslo ali margarino. Stopite, odkrito, na odmrzovanju 30–45 sekund. Zmešajte purana in česen. Pokrijte s filmom za živila (plastično folijo) in ga dvakrat zarežite, da lahko para uhaja. Kuhajte na polni moči 3 minute in pol. Preostale suhe sestavine gladko zmešajte z jabolčnikom. Odkrijte purana in vmešajte mešanico jabolčnika. Pokrijte kot prej in kuhajte na polni moči 3 minute. Pustite stati 3 minute, preden zaužijete s pire krompirjem in zeleno zelenjavo.

Roza Turčija

10 ml/2 žlički masla ali margarine

1 majhna čebula, sesekljana

175 g/6 oz fileja puranjih prsi, narezanih na majhne kocke

15 ml/1 žlica koruzne moke (koruznega škroba)

Sol in sveže mlet črni poper

1,5 ml/¼ žličke paprike

120 ml/4 fl oz/½ skodelice rosé vina

Maslo ali margarino dajte v 600 ml/1 pt/2½ skodelice. Stopite, odkrito, na odmrzovanju 30–45 sekund. Primešajte čebulo in purana. Pokrijte s filmom za živila (plastično folijo) in ga dvakrat zarežite, da lahko para uhaja. Kuhajte na polni moči 3 minute. Preostale suhe sestavine gladko zmešamo z vinom, začinimo po okusu. Purana odkrijemo in premažemo z vinsko mešanico. Temeljito premešajte. Pokrijte kot prej in kuhajte na polni temperaturi 3 minute in pol. Pustite stati 3 minute pred jedjo.

Puranji burger

125 g/4 oz/1 skodelica mletega (zmletega) purana

15 ml/1 žlica navadne (univerzalne) moke

1,5 ml/¼ žličke soli

15 ml/1 žlica mleka ali temeljne osnove

1 žemljica za hamburger, pogreta, in kisle kumarice za postrežbo

Vse sestavine temeljito premešajte. Oblikujte 9 cm/3½ v krog. Postavite na krožnik. Kuhajte brez pokrova na polni moči 2 minuti in pol. Pustite stati 45 sekund. Razrežite žemljo za hamburger in vanjo položite burger. Okrasite s kumaricami po izbiri in pojejte.

Variacije puranjih hamburgerjev

Curry:puranji mešanici pred kuhanjem dodajte 2,5 ml/½ žličke karija.

Cajun:puranji mešanici pred kuhanjem dodajte 5 ml/1 čajno žličko Worcestershire omake, 5 ml/1 čajno žličko čilijeve omake in 1 strt strok česna.

Paradižnik: Puranji mešanici pred kuhanjem dodajte 10 ml/2 žlički paradižnikove mezge (paste) in ščepec sladkorja.

italijanščina:dodajte 10 ml/2 čajne žličke paradižnikove mezge (paste) in 5 ml/1 čajne žličke pesta mešanici puranja pred kuhanjem.

ovsena:moko nadomestite s 30 ml/2 žlici ovsenih kosmičev. Povečajte količino mleka ali jušne osnove na 30 ml/2 žlici.

Hitra goveja in zelenjavna enolončnica

125 g/4 oz/1 skodelica mlete (mlete) govedine
75 g/3 oz/¾ skodelice zelenjavne mešanice zeljne solate (brez preliva)
5 ml/1 čajna žlička zrnc za omako ali prah za juho
150 ml/¼ pt/2/3 skodelice vroče vode
Sveže mleti črni poper

Govedino dajte v posodo s prostornino 600 ml/1 pt/2½ skodelice. Temeljito vmešajte zeljno solato. Pokrijte s filmom za živila (plastično folijo) in ga dvakrat zarežite, da lahko para uhaja. Kuhajte na polni moči 3 minute. Preostale sestavine gladko zmešamo. Meso in zelenjavo odkrijemo in primešamo osnovo. Pokrijte kot prej in kuhajte na polni moči 3 minute. Pustite stati 2 minuti pred jedjo.

Goveja enolončnica z mešano zelenjavo

Pripravite kot hitro govejo in zelenjavno enolončnico, le da zeljno solato nadomestite s 15 ml/1 žlico posušenih gob in 15 ml/1 žlico posušene čebule ali mešane paprike.

Goveja enolončnica s karijem

Pripravite kot govejo enolončnico z mešano zelenjavo, vendar posušeni zelenjavi dodajte 7,5–10 ml/1½–2 žlički srednje velikega karija.

V posodi s prostornino 600 ml/1 pt/2½ skodelice temeljito zmešajte govedino, čebulo, papriko, gobe, italijanske začimbe ali baziliko, paradižnikovo mezgo, sladkor in moko. Kuhajte brez pokrova na polni moči 2 minuti. Meso razdrobite z vilicami. Granule omake ali prah za juho gladko zmešajte z vodo in vmešajte v mešanico govejega mesa. Vmešajte paradižnik. Pokrijte kot prej in kuhajte na polni moči 4 minute in pol. Pustite stati 2 minuti. Odkrijemo in začinimo po okusu. Pojejte takoj s testeninami.

Pripravite kot za kratko rezano bolonjsko omako, le da vodo nadomestite z rdečim vinom.

Polnjena paprika

Posebnost vzhodne Evrope, Balkana in Izraela.

1 velika rdeča ali zelena (bolgarska) paprika
125 g/4 oz/1 skodelica mlete (mlete) govedine, jagnjetine ali svinjine
15 ml/1 žlica dolgozrnatega riža za enostavno kuhanje
1 majhna čebula, naribana
5 ml/1 čajna žlička zrnc za omako ali prah za juho
45 ml/3 žlice vroče vode
1,5 ml/¼ čajne žličke posušene mešanice zelišč
45 ml/3 žlice vroče juhe

Odrežite vrh paprike in rezervirajte. Odstranite in zavrzite notranja vlakna in semena. Po potrebi od podlage odrežemo tanko rezino, da lahko paprika stoji pokonci. Zmešajte meso, riž, čebulo, omako v zrncih ali osnovo v prahu, vročo vodo in zelišča. Zapakirajte v poper in pokrijte s prihranjenim 'pokrovom'. Prenesite v 600 ml/1 pt/2½ skodelice za puding. Nalijte zalogo. Pokrijte s filmom za živila (plastično folijo) in ga dvakrat zarežite, da lahko para uhaja. Kuhajte pri polni moči 7½ minut. Pustite stati 3 minute pred jedjo.

Poper, polnjen z gamonom

Pripravite kot polnjeno papriko, le da govedino, jagnjetino ali svinjino nadomestite z mletim gamonom.

Mleti svinjski golaž

175 g/6 oz/1½ skodelice mlete (mlete) svinjine ali govedine

30 ml/2 žlici posušene čebule

30 ml/2 žlici mešane posušene paprike

10 ml/2 žlički navadne (univerzalne) moke

200 g/7 oz/1 majhna pločevinka narezanih paradižnikov

2,5 ml/½ žličke paprike

Sol in sveže mlet črni poper

Meso dajte v posodo s prostornino 600 ml/1 pt/2½ skodelice. Vmešajte posušeno zelenjavo in moko. Pokrijte s filmom za živila (plastično folijo) in ga dvakrat zarežite, da lahko para uhaja. Kuhajte na polni moči 3 minute. Odkrijemo in pretlačimo z vilicami. Dodamo paradižnik in papriko ter začinimo po okusu. Pokrijte kot prej in kuhajte na polni 2 minuti in pol. Pustite stati 2 minuti pred jedjo.

Madžarske mesne paprike

Pripravite kot golaž iz mletega svinjskega mesa, vendar tik pred zaužitjem vmešajte 30–45 ml/2–3 žlice kisle (mlečne kisle) smetane ali crème fraîche.

Goveji burger

125 g/4 oz/1 skodelica puste mlete (mlete) govedine

15 ml/1 žlica navadne (univerzalne) moke

Sol in sveže mlet črni poper

15 ml/1 žlica mleka ali temeljne osnove

1 žemljica za hamburger ali čips (pomfrit) in solata za postrežbo

Goveje meso temeljito premešajte s preostalimi sestavinami. Oblikujte 9 cm/3½ v krog. Postavite na krožnik. Kuhajte brez pokrova na polni moči 2 minuti. Pustite stati 1 minuto, preden zaužijete razrezano žemljico ali s čipsom in solato.

Variacije govejega burgerja

Tandoori:mesni mešanici dodajte 2,5 ml/½ žličke začimbne mešanice tandoori.

kitajščina:mesni mešanici dodajte 2,5 ml/½ čajne žličke kitajskih petih začimb v prahu.

Gorčica:mesni mešanici dodajte 4 ml/manjšo količino 1 čajne žličke angleške gorčice.

sir:ko je burger kuhan in 1 minuto stal, na vrh položite rezino topljenega sira. Kuhajte brez pokrova na polni moči 30 sekund.

King Burger

Za velike apetite. Jejte s solato in narezanimi paradižniki, krompirjevo lupino ali čipsom (pomfri). Burger bo naredil svojo okusno omako.

225 g/8 oz/2 skodelici grobo mletega (mletega) zrezka

Sol

30 ml/2 žlici hrustljavih belih krušnih drobtin

15 ml/1 žlica mleka ali temeljne osnove

2,5 ml/½ žličke bovrila ali drugega mesnega izvlečka

Vse sestavine temeljito premešajte. Oblikujte 12 cm/4½ v krog. Prestavimo na krožnik. Kuhajte brez pokrova na polni moči 4 minute. Pustite stati 1½ minute pred jedjo.

Ogromen Cheeseburger

Pripravite kot King Burger, vendar ko je kuhan, na burger položite 1–2 rezini topljenega sira. Kuhajte na polni moči 45–60 sekund, dokler se ne stopi.

Corned Beef Hash

225 g/8 oz krompirja, olupljenega in narezanega na kocke

40 ml/2½ žlice vroče vode

1,5 ml/¼ žličke soli

10 ml/2 žlički masla ali margarine

125 g/4 oz soljene govedine, grobo pire

15 ml/1 žlica mleka ali temeljne osnove

2,5 ml/½ čajne žličke angleške gorčice

Krompir dajte v velik servirni krožnik z vodo in soljo. Pokrijte s filmom za živila (plastično folijo) in ga dvakrat zarežite, da lahko para uhaja. Kuhajte na polni moči 6–7 minut, dokler se ne zmehča. Odcedimo in pretlačimo. Stepite maslo ali margarino. Zmešajte preostale sestavine. Robove posode očistite s kuhinjskim papirjem. Pokrijte kot prej in kuhajte na polni 2 minuti. Pustite stati 1 minuto, preden zaužijete neposredno iz posode.

Haš z jajcem

Pripravite kot za Corned Beef Hash, vendar prelijte z ocvrtim (dušenim) ali poširanim jajcem.

Ponarejena kitajska rebra

4 svinjske rebrne kosti, skupaj približno 225 g/8 oz

15 ml/1 žlica pomarančne ali limonine marmelade

10 ml/2 žlički riževega kisa

10 ml/2 žlički sojine omake

Sol

Rebra razporedite na velik krožnik kot napere kolesa. Preostale sestavine dajte v manjšo skledo. Ogrevajte pri odmrzovanju 45–60 sekund. Gladko porazdelite po rebrih. Pokrijte s filmom za živila (plastično folijo) in ga dvakrat zarežite, da lahko para uhaja. Kuhajte na polni moči 4 minute in pol. Pustite stati 1½ minute pred jedjo.

Rdeča rebra

4 svinjske rebrne kosti, skupaj približno 225 g/8 oz

15 ml/1 žlica paradižnikove mezge (pasta)

1,5 ml/¼ žličke paprike

5 ml/1 žlička hrenove omake

2,5 ml/½ žličke kontinentalne gorčice

Rebra razporedite na velik krožnik kot napere kolesa. Preostale sestavine zmešajte v majhni skledi, nato pa razporedite po rebrcih.

Pokrijte s filmom za živila (plastično folijo) in ga dvakrat zarežite, da lahko para uhaja. Kuhajte na polni moči 4 minute in pol. Pustite stati 1½ minute pred jedjo.

Sadni gammon

1 okrogel gamonov zrezek, približno 225 g/8 oz

75 ml/5 žlic hladne vode

30 ml/2 žlici limete cordial

1 desertna hruška, olupljena, razpolovljena in izrezana

Gamon v rednih intervalih odrežite po vsem robu, da se med kuhanjem ne zvije. Dajte v okroglo posodo s 600 ml/1 pt/2½ skodelice in dodajte vodo. Pokrijte s filmom za živila (plastično folijo) in ga dvakrat zarežite, da lahko para uhaja. Kuhajte na polni moči 3 minute in pol. Odcedite in prenesite na jedilni krožnik. Obložite s srčkom. Polovice hrušk na tanko narežemo in jih razporedimo po gamonu. Pokrijte kot prej in kuhajte pri polni moči 1¼ minute. Pustite stati 1½ minute pred jedjo.

Posušena svinjina

Pestra jed, ki se čudovito poda k sladki koruzi in rižu.

1 mesnat svinjski kotlet, približno 200 g/7 oz

5 ml/1 čajna žlička paradižnikovega kečapa (catsup)

5 ml/1 žlička rjave namizne omake

5 ml/1 žlička Worcestershire omake

2,5 ml/½ žličke blagega curryja

1,5 ml/¼ žličke soli

1,5 ml/¼ žličke gorčice v prahu

Kuhana sladka koruza (koruza) in kuhan riž, za serviranje

Zrezek preložimo na krožnik. Preostale sestavine stepemo in razporedimo po kotletu. Pokrijte s filmom za živila (plastično folijo) in ga dvakrat zarežite, da lahko para uhaja. Kuhajte na polni moči 4 minute. Pustite stati 1 minuto pred jedjo.

Svinjina v špagetih z omako

200 g/7 oz/1 majhna pločevinka špagetov v paradižnikovi omaki

1 mesnat svinjski kotlet, približno 200 g/7 oz

1,5 ml/¼ čajne žličke posušene mešanice zelišč

1,5 ml/¼ žličke paprike

Sol in sveže mlet črni poper

Špagete naložite v 600 ml/1 pt/2½ skodelice. Na vrh položite kotlet.
Potresemo z zelišči, papriko in poprom po okusu. Pokrijte s filmom za
živila (plastično folijo) in ga dvakrat zarežite, da lahko para uhaja.
Kuhajte pri polni moči 7 minut. Pustite stati 1½ minute. Pred
zaužitjem odkrijte in potresite s soljo po okusu.

Jagnjetina Kebab

175 g jagnječjega fileja, narezanega na kocke

1 leseno nabodalo, namočeno v vodi približno 1 uro

5 ml/1 žlička Worcestershire omake

5 ml/1 čajna žlička paradižnikovega kečapa (catsup)

1 strok česna, zdrobljen

Jagnječje kocke nataknite na nabodala. Postavite na krožnik. Zmešajte
preostale sestavine in s čopičem premažite meso. Rahlo pokrijte s
kuhinjskim papirjem, da preprečite brizganje. Kuhajte na polni moči 3
minute in nabodalo enkrat obrnite. Pustite stati 1 minuto pred jedjo.

Pripravite ga kot jagnječji kebab, le da jagnjetino nadomestite z govejo ali svinjsko klobaso. Vsako klobaso narežemo na pet kosov.

Viktorijanski jagnječji kotleti

3 jagnječji najboljši vratovini, približno 200 g/7 oz

15 ml/1 žlica rjave jedilne omake

Kotlete razporedite na jedilni krožnik kot napere kolesa, z mesnatimi konci proti robu. Premažemo z omako. Rahlo pokrijte s kuhinjskim papirjem, da preprečite brizganje. Kuhajte na polni moči 3 minute in pol. Pred jedjo pustite stati 45 sekund.

Kratka jetra in čebula

45 ml/3 žlice posušene narezane čebule

65 ml/2½ fl oz/4½ žlice vode

125 g/4 oz jagnječjih jeter, narezanih na trakove

10 ml/2 čajni žlički zrnc za omako ali prahu

Sol in sveže mlet črni poper

Čebulo dajte v posodo s 600 ml/1 pt/2½ skodelice s 60 ml/4 žlice vode. Kuhajte brez pokrova na polni moči 1¾ minute. Vmešajte jetra, zrnca za omako ali prah za juho in preostalo vodo ter po okusu dodajte poper. Pokrijte s filmom za živila (plastično folijo) in ga dvakrat zarežite, da lahko para uhaja. Kuhajte na polni moči 3 minute. Pustite stati 1 minuto. Odkrijemo in potresemo s soljo.

Dušena jetra s slanino in grahom

125 g/4 oz jagnječjih ali prašičjih jeter, narezanih na trakove

1 rezina progaste slanine, grobo narezana

60 ml/4 žlice konzerviranega vrtnega graha

10 ml/2 čajni žlički zrnc za omako ali prahu

Jetra in slanino dajte v posodo s prostornino 600 ml/1 pt/2½ skodelice.
Zmešajte preostale sestavine. Pokrijte s filmom za živila (plastično
folijo) in ga dvakrat zarežite, da lahko para uhaja. Kuhajte na polni
moči 4 minute. Pustite stati 1½ minute. Odkrijte in premešajte. Jejte
takoj.

Poprane ledvice

2 zelo sveži jagnječji ledvici

Črni poper v zrnu

15 ml/1 žlička koruzne moke (koruznega škroba)

5 ml/1 žlička Worcestershire omake

60 ml/4 žlice hladne vode

1,5 ml/¼ žličke soli

Toast, za serviranje

Ledvičke operemo in osušimo ter narežemo na majhne kocke.
Prenesite v 600 ml/1 pt/2½ skodelice. Zmeljemo čez plast črnega
popra. Zmešajte preostale sestavine razen soli. Pokrijte s filmom za
živila (plastično folijo) in ga dvakrat zarežite, da lahko para uhaja.
Kuhajte na polni moči 3 minute. Pustite stati 1 minuto. Odkrijte,
premešajte in potresite s soljo. Jejte na žlico za toast.

2 zelo sveži jagnječji ledvici

50 g/2 oz gob, narezanih na ozke trakove

5 ml/1 žlička koruzne moke (koruznega škroba)

1,5 ml/¼ čajne žličke posušene mešanice zelišč

1,5 ml/¼ žličke paprike

75 ml/5 žlic jabolčnega soka

Sol

Ledvičke operemo in osušimo ter narežemo na majhne kocke. Z gobami dajte v posodo s 600 ml/1 pt/2½ skodelice. Zmešajte koruzno moko, zelišča, papriko in jabolčni sok. Pokrijte s filmom za živila (plastično folijo) in ga dvakrat zarežite, da lahko para uhaja. Kuhajte na polni moči 3 minute in pol. Pustite stati 1½ minute. Odkrijemo, premešamo in po okusu potresemo s soljo.

1 poširano jajce
1 popečen kruhek
Univerzalna sirna omaka
paprika

Poširano jajce skuhajte po navodilih. Prestavimo na pekač in premažemo s sirovo omako. Potresemo s papriko in takoj pojemo.

Navadna omleta

5 ml/1 žlička masla ali margarine
2 veliki jajci
Sol in sveže mlet črni poper
10 ml/2 žlički vode

V plitvi lončeni posodi s premerom 18 cm/7 cm 30 sekund stopite maslo ali margarino. Preostale sestavine stepajte, dokler ne postanejo rahle in puhaste. Vlijemo v posodo. Kuhajte brez pokrova na polni moči 1½ minute. Premešamo z vilicami. Na polni temperaturi kuhajte nadaljnjih 30–45 sekund, dokler se omleta ne dvigne do vrha posode. Pustite stati 30 sekund, nato odvrnite in takoj pojejte.

Variacije omlet

Sveže zelišče:40 ml/2½ žlice sesekljanega peteršilja stepite v jajca in vodo. Po mešanju z vilicami kuhajte 45–60 sekund.

Mešanica zelišč:40 ml/2½ žlice sesekljanih mešanih svežih zelišč stepite v jajca in vodo.

sir: Polovico kuhane omlete pokrijte s 30 ml/2 žlici naribanega sira, prepognite in preložite na krožnik.

gobe:polovico kuhane omlete pokrijte s 45 ml/3 žlice tanko narezanih in kuhanih gob.

Ameriški:pripravite kot navadno omleto, le da vodo nadomestite z mlekom.

Umešana jajca v kozarcu

Za 1 jajce:1 veliko jajce temeljito stepite z 10 ml/2 žlički mleka ter soljo in sveže mletim črnim poprom po okusu. Nalijte v z maslom namazano čajno skodelico ali majhno skledo, po možnosti iz prozornega stekla, da lahko opazujete kuhanje jajc. Pokrijte s krožnikom in kuhajte na polni moči 30 sekund. Mešajte krog. Pokrijte kot prej in kuhajte na polni nadaljnjih 15–18 sekund, dokler se jajce rahlo strdi in napolni posodo. Ponovno premešajte in takoj pojejte.

Za 2 jajci:kot za 1 jajce, vendar kuhajte 40 sekund, premešajte, nato kuhajte nadaljnjih 20–24 sekund ali dokler se jajca rahlo strdijo.

Krompirjeva 'Pica'

Hiter nadev za pico na krompirjevi osnovi, sprememba kruha.

250 g/9 oz krompirja, olupljenega in narezanega na majhne koščke

30 ml/2 žlici vode

Krompir dajte v posodo s 600 ml/1 pt/2½ skodelice z vodo in soljo. Pokrijte s filmom za živila (plastično folijo) in ga dvakrat zarežite, da lahko para uhaja. Kuhajte pri polni moči 6 minut. Odkrijte in odcedite. Drobno pretlačite, nato pa vmešajte mleko in maslo ali margarino. Po vrhu pogladimo in s kuhinjskim papirjem očistimo stranice posode. Debelo potresemo s sirom. Zmešajte pesto in kečap ter potresite po siru. Kuhajte brez pokrova na polni moči 1–1¼ minute. Okrasite z olivami, če jih uporabljate, in takoj pojejte.

10 ml/2 žlički koruzne moke (koruznega škroba)
110 ml/3¾ fl oz/manjka ½ skodelice polnomastnega mleka
1 rezina sveže pripravljenega toasta
15 ml/1 žlica praženih (narezanih) mandljev

Brokoli dajte v posodo s 600 ml/1 pt/2½ skodelice z vodo. Potresemo s soljo. Pokrijte s filmom za živila (plastično folijo) in ga dvakrat zarežite, da lahko para uhaja. Kuhajte pri polni moči 2½–3 minute, dokler se brokoli ne zmehča, vendar je še vedno malo zagrizen. Kremni sir dajte v majhno posodo. Koruzno moko gladko zmešamo z mlekom in postopoma vmešamo v sir. Brokoli odkrijemo in odcedimo. Premažemo s sirno mešanico. Pokrijte kot prej in kuhajte na polni 2 minuti. Z žlico naložimo na toast in potresemo z oreščki. Jejte toplo.

Poper, polnjen z orehi

1 velika rdeča ali zelena (bolgarska) paprika
15 ml/1 žlica dolgozrnatega riža za enostavno kuhanje
90 ml/6 žlic naribanega sira Cheddar oranžne barve
45 ml/3 žlice sesekljanih orehov ali arašidov

2,5 ml/½ žličke pripravljene gorčice

1,5 ml/¼ žličke paprike

45 ml/3 žlice vroče vode

Sol in sveže mlet črni poper

60 ml/4 žlice paradižnikovega soka

Popru odrežite vrh in rezervirajte. Zavrzite notranja vlakna in semena. Papriko postavite pokonci v manjši krožnik in po potrebi odrežite tanko rezino od dna. Zmešajte riž, sir, orehe, gorčico, papriko in vročo vodo. Po okusu začinimo s soljo in poprom. Zapakirajte v poper in zamenjajte "pokrov". Papriko prelijemo s paradižnikovim sokom. Pokrijte s filmom za živila (plastično folijo) in ga dvakrat zarežite, da lahko para uhaja. Kuhajte pri polni moči 6 minut. Pustite stati 3 minute pred jedjo.

Vroči avokado

1 velik zrel avokado

5 ml/1 žlička Worcestershire omake

75 ml/5 žlic kisle (mlečne kisle) smetane

Sol in sveže mlet črni poper

30 ml/2 žlici česnovih krutonov, zlomljenih na majhne koščke

Avokado olupite tako, kot bi olupili hruško, začnite s konca peclja. Razpolovite in odstranite koščico (koščico). Meso narežite na kocke z nožem iz nerjavečega jekla. Prestavimo v skledo in primešamo Worcestershire omako in smetano. Po okusu začinimo s soljo in poprom. Nalijte v 600 ml/1 pt/2½ skodelice in potresite s krutoni. Kuhajte brez pokrova na polni moči 2 minuti. Jejte takoj.

Cvetača v marinadi

Elegantna priloga za meso, klobase in perutnino.

175 g cvetov cvetače

Sol

30 ml/2 žlici hladne vode

15 ml/1 žlica olivnega ali sončničnega olja

10 ml/2 žlički malinovega kisa

1,5 ml/¼ žličke ustekleničene metine omake

5 ml/1 žlička Worcestershire omake

Sol in sveže mlet črni poper

Cvetačo nalomite, potresite s soljo in dodajte vodo. Pokrijte s filmom za živila (plastično folijo) in ga dvakrat zarežite, da lahko para uhaja. Kuhajte na polni moči 3 minute. Preostale sestavine temeljito premešajte. Cvetačo odkrijemo in odcedimo. Premažemo z marinado in pustimo, da se ohladi. Pred jedjo pokrijte in ohladite, dokler ni res hladno.

Cvetačni sir s peteršiljem

200 g cvetov cvetače

Sol

45 ml/3 žlice hladne vode

50 g/2 oz/¼ skodelice kremnega sira

15 ml/1 žlica mleka

10 ml/2 žlički sesekljanega peteršilja

2,5 ml/½ žličke pripravljene gorčice

paprika

Cvetačo damo v servirni krožnik. Potresemo s soljo in dodamo vodo. Pokrijte s filmom za živila (plastično folijo) in ga dvakrat zarežite, da lahko para uhaja. Kuhajte na polni moči 4 minute. Vse preostale sestavine razen paprike damo v skledo. Odkrito segrevajte pri odmrzovanju 1 minuto. Mešajte krog. Cvetačo odcedimo in zabelimo z omako. Ponovno segrevajte nepokrito na polni moči 1 minuto. Pred jedjo potresemo s papriko.

Dušena zelena s slanino in sirom

200 g sveže zelene, na tanke rezine

Sol

45 ml/3 žlice vrele vode

50 g/2 oz/½ skodelice gamona, sesekljanega

30 ml/2 žlici naribanega čedar sira

15 ml/1 žlica poljubnih sesekljanih slanih oreščkov

Zeleno dajte v 600 ml/1 pt/2½ skodelice. Potresemo s soljo in dodamo vodo. Pokrijte s filmom za živila (plastično folijo) in ga dvakrat zarežite, da lahko para uhaja. Kuhajte pri polni moči 7 minut. Pustite stati 1 minuto. Odtok. Vmešajte gamon in sir. Stene posode očistite s kuhinjskim papirjem. Potresemo z oreščki. Pokrijte kot prej in kuhajte pri polni moči 1 minuto. Pred jedjo pustite stati 30 sekund.

Dušena čebula s parmsko šunko in parmezanom

2 čebuli, narezani

Sol

45 ml/3 žlice vrele vode

50 g/2 oz/½ skodelice parmske šunke, sesekljane

15 ml/1 žlica naribanega parmezana

15 ml/1 žlica poljubnih sesekljanih slanih oreščkov

Čebulo dajte v posodo s prostornino 600 ml/1 pt/2½ skodelice. Potresemo s soljo in dodamo vodo. Pokrijte s filmom za živila (plastično folijo) in ga dvakrat zarežite, da lahko para uhaja. Kuhajte pri polni moči 7 minut. Pustite stati 1 minuto. Odtok. Primešamo šunko in sir. Stene posode očistite s kuhinjskim papirjem. Potresemo z oreščki. Pokrijte kot prej in kuhajte pri polni moči 1 minuto. Pred jedjo pustite stati 30 sekund.

Jajčevci polnjeni s pinjolami

1 jajčevec (jajčevec), približno 250 g/9 oz

Sol

15 ml/1 žlica limoninega soka

10 ml/2 žlički oljčnega olja

1 trdo kuhano (trdo kuhano) jajce, oluščeno in nasekljano

30 ml/2 žlici pinjol

Sesekljan peteršilj, za okras

Kruh s sezamovimi semeni, za serviranje

Lupino jajčevcev povsod prebodemo z vilicami. Ohlapno zavijte v kuhinjski papir in postavite na krožnik. Kuhajte na polni moči 5 minut. Pustite stati 3 minute. Prenos na desko. Odrežemo in zavržemo zeleni pecelj na vrhu. Jajčevce po dolgem prepolovimo. Meso izdolbite na desko, obdržite lupine in ga grobo nasekljajte. Prestavimo v skledo in po okusu začinimo s soljo. Zmešajte limonin sok, olje, jajce in pinjole ter dobro premešajte. Prilagodite začimbe. Lupine jajčevcev postavimo na krožnik in jih napolnimo z jajčno mešanico. Na debelo potresemo s peteršiljem in pojemo pri sobni temperaturi s kruhom s sezamom.

Pikantni fižolovi kalčki

Pustolovski pomočnik za ribe in perutnino.

125 g/4 oz svežih fižolovih kalčkov
45 ml/3 žlice paradižnikove omake ali rjave kisle kumarice
2,5 ml/½ žličke Worcestershire omake
2,5 ml/½ žličke soli

Vse sestavine zmešajte v posodi s prostornino 600 ml/1 pt/2½ skodelice. Pokrijte s filmom za živila (plastično folijo) in ga dvakrat zarežite, da lahko para uhaja. Kuhajte na polni moči 3 minute. Pustite stati 1 minuto, nato premešajte in pojejte.

Buča na maslu

To jed iz buče v mikrovalovni pečici lahko jeste kot sladko ali slano jed.

450 g/1 lb rezine buče v lupini

Maslo ali margarina

Demerara sladkor ali zlati (svetli koruzni) sirup ali sol in sveže mlet črni poper

Buči odstranimo pramene in semena. Položite na stran na krožnik. Pokrijte s filmom za živila (plastično folijo) in ga dvakrat zarežite, da lahko para uhaja. Kuhajte pri polni moči 7 minut. Pustite stati 2 minuti. Postavite na krožnik s kožo spodaj in mesom navzgor. Prelijemo z maslom ali margarino, nato pa premažemo s sladkorjem ali sirupom za sladke buče ali soljo in poprom za slane.

Topla solata z avokadom

75 ml/5 žlic pripravljenih listov solate

½ zrelega avokada

8 tortiljinih čipov, grobo zdrobljenih

30 ml/2 žlici kupljenega solatnega preliva katerega koli okusa

Liste solate razporedite po dnu krožnika. Na vrh zajemite avokadovo meso. Potresemo s tortiljinim čipsom in premažemo s prelivom. Segrejte do konca, nepokrito, na odtaljevanju 45 sekund. Jejte toplo.

Kremni šampinjoni z roquefortom in česnom

125 g/4 oz gob

1 strok česna, zdrobljen

50 g/2 oz/½ skodelice Roquefort sira, zdrobljenega

45 ml/3 žlice smetane za stepanje

2,5 ml/½ žličke paprike

Kuhan mlad krompir ali francoski kruh, za serviranje

Gobe obrišite in dajte v posodo s prostornino 600 ml/1 pt/2½ skodelice. Zmešajte preostale sestavine. Pokrijte s filmom za živila (plastično folijo) in ga dvakrat zarežite, da lahko para uhaja. Kuhajte pri polni moči 2 minuti in pol. Pustite stati 30 sekund. Premešajte in jejte z vročim mladim krompirjem ali kosi hrustljavega francoskega kruha.

Vroča riževa solata

75 g/3 oz/manjka ½ skodelice dolgozrnatega riža za enostavno kuhanje

Sol in sveže mlet črni poper

300 ml/½ pt/1¼ skodelice vrele vode

100 g/3½ oz/½ skodelice skute

30 ml/2 žlici praženih sončničnih semen

5 cm/2 v kosu kumare, olupljene in narezane

1 paradižnik, sesekljan

V posodi s prostornino 600 ml/1 pt/2½ skodelice zmešajte riž, 1,5 ml/¼ čajne žličke soli in vrelo vodo. Pokrijte s filmom za živila (plastično folijo) in ga dvakrat zarežite, da lahko para uhaja. Posodo postavimo na krožnik, da zajamemo vodo, ki bi lahko prekipela. Kuhajte na polni moči 10 minut. Pustite stati 3 minute. Vilice v siru, sončnična semena, kumare in paradižnik. Začimbe prilagodite okusu. Pokrijte kot prej in ponovno segrevajte pri polni moči približno 2½ minuti.

rižev sir

*Najljubši pred drugo svetovno vojno, ki so ga tukaj naredili veliko
hitreje kot nekoč.*

*75 g/3 oz/manjka ½ skodelice dolgozrnatega riža za enostavno
kuhanje*
1,5 ml/¼ žličke soli
300 ml/½ pt/1¼ skodelice vrele vode
50 g/2 oz/½ skodelice sira Red Leicester, nariban
30 ml/2 žlici mleka ali enojne (lahke) smetane
2,5–5 ml/½–1 čajna žlička blage pripravljene gorčice
1–2 kapljici omake tabasco ali druge pekoče paprike
15 ml/1 žlica praženih rjavih drobtin
paprika

V posodi s prostornino 600 ml/1 pt/2½ skodelice zmešajte riž, sol in
vodo. Pokrijte s filmom za živila (plastično folijo) in ga dvakrat
zarežite, da lahko para uhaja. Posodo postavimo na krožnik, da
zajamemo vodo, ki bi lahko prekipela. Kuhajte na polni moči 10
minut. Pustite stati 3 minute. Z vilicami vmešajte sir, mleko ali
smetano, gorčico in feferončevo omako po okusu. Potresemo z
drobtinami, nato potresemo s papriko. Ponovno segrevajte nepokrito
na polni moči 1 minuto. Pred jedjo pustite stati 30 sekund.

Dušena jabolka

*2 srednji ali 1 veliko (tart) jabolko za kuhanje, olupljeno, brez sredice
in narezano na rezine*
40 ml/2½ žlice granuliranega sladkorja
25 ml/1½ žlice hladne vode
1 ali 2 cela stroka
Krema ali krema za postrežbo (neobvezno)

Jabolčne rezine dajte v servirno skledo s sladkorjem, vodo in
nageljnovimi žbicami. Pokrijte s filmom za živila (plastično folijo) in
ga dvakrat zarežite, da lahko para uhaja. Kuhajte pri odmrzovanju 4½–
5 minut, dokler se ne zmehčajo. Pustite stati 1 minuto. Jejte toplo,
toplo ali hladno, preprosto ali s smetano ali kremo.

Dušene marelice

6 svežih marelic, razpolovljenih in izkoščičenih (razkoščičenih)
30 ml/2 žlici granuliranega sladkorja
30 ml/2 žlici hladne vode
Krema ali krema za postrežbo (neobvezno)

Polovičke marelic damo v servirno skledo s sladkorjem in vodo.
Pokrijte s filmom za živila (plastično folijo) in ga dvakrat zarežite, da
lahko para uhaja. Kuhajte pri odmrzovanju 4½–5 minut, dokler se ne
zmehčajo. Pustite stati 1 minuto. Jejte toplo, toplo ali hladno, preprosto
ali s smetano ali kremo.

Topel sadni puh

225 g sadnega pireja v pločevinkah (idealna otroška hrana v pločevinkah)
1 veliko jajce, ločeno
Ščepec soli
Krhki piškoti (piškoti), za serviranje

Pire stresite v skledo. Nežno stepite rumenjak. Beljak s soljo stepemo v čvrst sneg. Z veliko kovinsko žlico vmešajte v sadno mešanico. Prenesite v rahlo z maslom namazan 600 ml/1 pt/2½ skodelice. Kuhajte brez pokrova na polni moči 1½ minute, dokler se puding ne napihne skoraj do vrha posode. Pojejte takoj s piškoti.

Dušena rabarbara

125 g/4 oz rabarbare, sesekljane
45 ml/3 žlice granuliranega sladkorja
25 ml/1½ žlice hladne vode
1,5 ml/¼ žličke mletega ingverja
Krema ali krema za postrežbo (neobvezno)

Rabarbaro dajte v servirno skledo s sladkorjem, vodo in ingverjem. Pokrijte s filmom za živila (plastično folijo) in ga dvakrat zarežite, da lahko para uhaja. Kuhajte pri odmrzovanju 4½–5 minut, dokler se ne zmehčajo. Pustite stati 1 minuto. Jejte toplo, toplo ali hladno, preprosto ali s smetano ali kremo.

Pečeno jabolko, polnjeno z limonino skuto

1 veliko jabolko za kuhanje (tart).

30 ml/2 žlici limonine skute

9 čokoladnih pik (koščkov)

45 ml/3 žlice jabolčnega ali grozdnega soka

Z ostrim nožem zarežite črto okoli jabolka, približno eno tretjino navzdol od vrha. Odstranite sredico z lupilcem za krompir ali jabolkom, pri čemer pazite, da ne prerežete dna jabolka. Zapakirajte z limonino skuto in na vrhu s čokoladnimi pikami. Prenesite v skledo, ki je dovolj velika in globoka, da se jabolko udobno namesti. Okoli prelijemo jabolčni sok. Pokrijte s filmom za živila (plastično folijo) in ga dvakrat zarežite, da lahko para uhaja. Kuhajte na odmrzovanju 10 minut, posodo dvakrat obrnite, dokler se jabolko ne napihne kot sufle. Pustite stati 2 minuti pred jedjo.

Osupljiva kombinacija, v skladu s sodobnimi prehrambenimi trendi.

10 ml/2 žlički nesoljenega (sladkega) masla
125 g/4 oz jagod, prepolovljenih po dolžini
Črni poper v zrnu
Vanilijev sladoled

Maslo damo v servirni krožnik. Stopite, nepokrito, na odmrzovanju 1 minuto. Dodajte jagode k maslu in po vrhu nadrobite prah popra. Pokrijte s krožnikom ali krožnikom in kuhajte na odmrzovanju 1 minuto. Prelijte s sladoledom in takoj pojejte.

Puding iz mletega riževega mleka

Brez lepljive ponve, brez žganja in brez grudic!

15 ml/1 žlica mletega riža
10 ml/2 žlički železnega (superfinega) sladkorja
150 ml/¼ pt/2/3 skodelice mleka
Mlet cimet ali mešana (jabolčna pita) začimba

Zmleti riž in sladkor dajte v posodo za 1,5 l/2½ pt/6 skodelic (med kuhanjem bo naraslo). S plastično žlico ali lopatko gladko vmešajte mleko. Kuhajte brez pokrova in z lopatico še vedno v posodi, na polni moči 1½ minute in trikrat ali štirikrat premešajte. Pustite stati 1 minuto. Pred zaužitjem potresemo s cimetom ali mešanico začimb.

Puding Tea Bun v jajčni kremi

150 ml/¼ pt/2/3 skodelice mleka

15 ml/1 žlica masla ali margarine

1 veliko jajce, na kuhinjski temperaturi

2 sadni čajni žemljici, prepolovljeni

30 ml/2 žlici demerara sladkorja

Mleko nalijte v stekleno merilno skodelico ali skledo. Dodajte maslo ali margarino. Skupaj segrevajte na polni moči 1¼ minute, dokler se maslo ne stopi in mleko postane toplo. Razžvrkljajte jajce. Žemljice položite v plitev krožnik s prerezano stranjo navzgor v eno plast. Z žlico prelijemo z mešanico mleka in potresemo s sladkorjem. Kuhajte brez pokrova na polni moči 3½–4 minute. Pustite stati 2 minuti pred jedjo.

Brokoli s sirom Supreme

Služi za 4–6

450 g/1 lb brokolija

60 ml / 4 žlice vode

5 ml/1 žlička soli

150 ml/¼ pt/2/3 skodelice kisle (mlečne kisle) smetane

125 g/4 oz/1 skodelica sira Cheddar ali Jarlsberg, nariban

1 jajce

5 ml/1 čajna žlička blage pripravljene gorčice

2,5 ml/½ žličke paprike

1,5 ml/¼ žličke naribanega muškatnega oreščka

Brokoli operemo, razdelimo na majhne cvetke in damo v globoko posodo premera 20 cm/8 z vodo in soljo. Pokrijte s filmom za živila (plastično folijo) in ga dvakrat zarežite, da lahko para uhaja. Kuhajte na polni moči 12 minut. Temeljito odcedite. Preostale sestavine stepemo in z žlico prelijemo brokoli. Pokrijte s krožnikom in kuhajte na polni moči 3 minute. Pustite stati 2 minuti.

Guvetch

Služi za 6–8

Živahno obarvana in okusna bolgarska sorta ratatouille. Postrežemo samostojno z rižem, testeninami ali polento ali kot prilogo k jajčnim, mesnim in perutninskim jedem.

450 g/1 lb francoskega ali kenijskega (stročjega) fižola, z vrhom in z repom

4 čebule, zelo tanko narezane

3 stroki česna, strti

60 ml/4 žlice oljčnega olja

6 (paprik) mešanih barv, očiščenih in narezanih na trakove

6 paradižnikov, blanširanih, olupljenih in narezanih

1 zelen čili, brez semen in drobno narezan (neobvezno)

10–15 ml/2–3 žličke soli

15 ml/1 žlica sladkorja (super finega).

Vsak fižol razrežemo na tri dele. Čebulo in česen dajte v posodo s prostornino 2,5 l/4½ pt/11 skodelic z oljem. Dobro premešamo, da se zmeša. Kuhajte brez pokrova na polni moči 4 minute. Temeljito premešajte vse preostale sestavine, vključno s fižolom. Pokrijte s krožnikom in kuhajte na polni moči 20 minut ter trikrat premešajte. Odkrijte in kuhajte na polni nadaljnjih 8–10 minut, štirikrat premešajte, dokler večina tekočine ne izhlapi. Postrezite takoj ali ohladite, pokrijte in ohladite, če boste jedli pozneje.

Sir iz zelene s slanino

Služi 4

6 rezin (rezin) progaste slanine

350 g/12 oz zelene, narezane na kocke

30 ml/2 žlici vrele vode

30 ml/2 žlici masla ali margarine

30 ml/2 žlici navadne (univerzalne) moke

300 ml/½ pt/1¼ skodelice toplega polnomastnega mleka

5 ml/1 čajna žlička angleške gorčice

225 g/8 oz/2 skodelici sira čedar, nariban

Sol in sveže mlet črni poper

paprika

Ocvrt (dušen) kruh, za postrežbo

Slanino damo na krožnik in pokrijemo s kuhinjskim papirjem. Kuhajte
na polni moči 4–4 minute in pol, pri čemer krožnik enkrat obrnite.
Odcedite maščobo, nato pa slanino grobo nasekljajte. Zeleno dajte v
ločeno posodo z vrelo vodo. Pokrijemo s krožnikom in kuhamo na
Polni 10 minut, posodo dvakrat obrnemo. Odcedite in prihranite
tekočino. Maslo dajte v posodo za 1,5 litra/2½ pt/6 skodelic. Stopite,
odkrito, na odmrzovanju 1–1½ minute. Vmešajte moko in kuhajte na
polni moči 1 minuto. Postopoma vmešajte mleko. Kuhajte brez
pokrova na polni moči 4–5 minut, dokler se gladko ne zgosti, in vsako
minuto mešajte. Zmešajte vodo zelene, zeleno, slanino, gorčico in dve

tretjini sira. Začinimo po okusu. Zmes preložimo v čisto posodo. Po vrhu potresemo preostali sir in potresemo s papriko. Ponovno segrevajte, nepokrito, na polni moči 2 minuti. Postrežemo z ocvrtimi kruhki.

Artičok sir s slanino

Služi 4

Pripravite kot sir iz zelene s slanino, le da zeleno izpustite. 350 g/12 oz topinamburja dajte v skledo s 15 ml/1 žlica limoninega soka in 90 ml/6 žlic vrele vode. Pokrijte s filmom za živila (plastično folijo) in ga dvakrat zarežite, da lahko para uhaja. Kuhajte na polni moči 12–14 minut, dokler se ne zmehča. Odcedite in prihranite 45 ml/3 žlice vode. Dodajte artičoke in vodo v omako z gorčico, slanino in sirom.

Služi 4

Recept iz vzhodne Finske za spomladanski krompir.

450 g/1 lb mladega krompirja, opranega, a neolupljenega
30 ml/2 žlici vrele vode
125 g/4 oz/½ skodelice masla, na kuhinjski temperaturi
2 trdo kuhani (trdo kuhani) jajci, sesekljani

Krompir dajte v posodo s prostornino 900 ml/1½ pt/3¾ skodelice z vrelo vodo. Pokrijte s krožnikom in kuhajte na polni moči 11 minut, dvakrat premešajte. Medtem stepemo maslo v gladko kremo in vmešamo jajca. Krompir odcedimo in vmešamo jajčno zmes, ko je krompir še zelo vroč. Postrezite takoj.

Nizozemska enolončnica iz krompirja in gavde s paradižniki

Služi 4

Nasitna in grelna vegetarijanska enolončnica, ki jo lahko postrežete s kuhano zeleno zelenjavo ali hrustljavo solato.

750 g/1½ lb kuhanega krompirja, debelo narezanega
3 veliki paradižniki, blanširani, olupljeni in na tanke rezine narezani
1 velika rdeča čebula, grobo naribana
30 ml/2 žlici drobno sesekljanega peteršilja
175 g/6 oz/1½ skodelice sira gauda, nariban
Sol in sveže mlet črni poper
30 ml/2 žlici koruzne moke (koruznega škroba)
30 ml/2 žlici hladnega mleka
150 ml/¼ pt/2/3 skodelice vroče vode ali zelenjavne osnove
paprika

Z maslom namazan 1,5 l/2½ pt/6 skodelice napolnite z izmeničnimi plastmi krompirja, paradižnika, čebule, peteršilja in dveh tretjin sira, med plastmi pa posujte sol in poper. Koruzno moko gladko zmešamo s hladnim mlekom, nato postopoma dodajamo vrelo vodo ali osnovo. Prelijte ob strani posode. Po vrhu potresemo preostali sir in potresemo s papriko. Pokrijte s kuhinjskim papirjem in segrevajte na polni moči 12–15 minut. Pred serviranjem pustite stati 5 minut.

Na maslu namazan in napihnjen sladki krompir s smetano

Služi 4

450 g/1 lb sladkega krompirja z rožnato kožo in rumenim mesom (ne jama), olupljenega in narezanega na kocke

60 ml/4 žlice vrele vode

45 ml/3 žlice masla ali margarine

60 ml/4 žlice stepene smetane, ogrete

Sol in sveže mlet črni poper

Krompir dajte v posodo s prostornino 1,25 l/2¼ pt/5½ skodelice. Dodajte vodo. Pokrijte s filmom za živila (plastično folijo) in ga dvakrat zarežite, da lahko para uhaja. Kuhajte na polni moči 10 minut in posodo trikrat obrnite. Pustite stati 3 minute. Odcedimo in drobno pretlačimo. Temeljito stepite maslo in smetano. Po okusu dobro začinimo. Prenesite v servirni krožnik, pokrijte s krožnikom in ponovno segrevajte pri polni moči 1½ –2 minuti.

Maître d'Hôtel Sladki krompir

Služi 4

*450 g/1 lb sladkega krompirja z rožnato kožo in rumenim mesom (ne
jama), olupljenega in narezanega na kocke*

60 ml/4 žlice vrele vode

45 ml/3 žlice masla ali margarine

45 ml/3 žlice sesekljanega peteršilja

Krompir dajte v posodo s prostornino 1,25 l/2¼ pt/5½ skodelice.
Dodajte vodo. Pokrijte s filmom za živila (plastično folijo) in ga
dvakrat zarežite, da lahko para uhaja. Kuhajte na polni moči 10 minut
in posodo trikrat obrnite. Pustite stati 3 minute, nato odcedite. Dodajte
maslo in premešajte, da prekrijete krompir, nato pa potresite s
peteršiljem.

Kremni krompir

Služi za 4–6

*Krompir, kuhan v mikrovalovni pečici, ohrani okus in barvo ter ima
odlično teksturo. Njihove hranilne snovi se ohranijo, ker je količina
vode, porabljene za kuhanje, minimalna. Prihrani gorivo in ni ponve
za pomivanje – krompir lahko celo skuhate v lastnem servirnem
krožniku. Krompir olupimo čim tanjše, da ohrani vitamine.*

900 g/2 lb olupljenega krompirja, narezanega na koščke

90 ml/6 žlic vrele vode

30–60 ml/2–4 žlice masla ali margarine

90 ml/6 žlic toplega mleka

Sol in sveže mlet črni poper

Krompirjeve kose dajte v 1,75 l/3 pt/7½ skodelico z vodo. Pokrijte s filmom za živila (plastično folijo) in ga dvakrat zarežite, da lahko para uhaja. Kuhajte na polni moči 15–16 minut, posodo štirikrat obrnite, dokler se ne zmehča. Po potrebi odcedimo, nato pa drobno pretlačimo, pri čemer izmenično stepamo maslo ali margarino in mleko. Sezona. Ko je rahla in puhasta, jo prepražite z vilicami in ponovno segrevajte nepokrito na polni moči 2–2 minuti in pol.

Kremni krompir s peteršiljem

Služi za 4–6

Pripravite kot krompirjevo kremo, vendar vmešajte 45–60 ml/3–4 žlice sesekljanega peteršilja z začimbami. Ponovno segrevajte dodatnih 30 sekund.

Kremni krompir s sirom

Služi za 4–6

Pripravite ga kot kremni krompir, vendar vmešajte 125 g/4 oz/1 skodelico naribanega trdega sira z začimbami. Ponovno segrevajte še 1½ minute.

Madžarski krompir s papriko

Služi 4

50 g/2 oz/¼ skodelice margarine ali masti

1 velika čebula, drobno sesekljana

750 g/1½ lb krompirja, narezanega na majhne koščke

45 ml/3 žlice posušenih poprovih kosmičev

10 ml/2 žlički paprike

5 ml/1 žlička soli

300 ml/½ pt/1¼ skodelice vrele vode

60 ml/4 žlice kisle (mlečne kisle) smetane

Margarino ali mast dajte v posodo s prostornino 1,75 l/3 pt/7½ skodelice. Odkrito segrevajte na polni moči 2 minuti, dokler ne zacvrči. Dodajte čebulo. Kuhajte brez pokrova na polni moči 2 minuti. Vmešajte krompir, papriko, papriko, sol in vrelo vodo. Pokrijte s filmom za živila (plastično folijo) in ga dvakrat zarežite, da lahko para uhaja. Kuhajte na polni moči 20 minut in posodo štirikrat obrnite. Pustite stati 5 minut. Po žlicah naložimo na ogrete krožnike in vsakega prelijemo s 15 ml/1 žlico kisle smetane.

Krompir Dauphine

Služi 6

Gratin dauphinoise – eden izmed francoskih velikanov in doživetje, ki ga je vredno uživati. Postrezite z listnato solato ali pečenim paradižnikom ali kot prilogo k mesu, perutnini, ribam in jajcem.

900 g/2 lb voskastega krompirja, zelo tanko narezanega
1–2 stroka česna, strta
75 ml/5 žlic stopljenega masla ali margarine
175 g/6 oz/1½ skodelice sira Emmental ali Gruyère (švicarski)
Sol in sveže mlet črni poper
300 ml/½ pt/1¼ skodelice polnomastnega mleka
paprika

Če želite krompir zmehčati, ga položite v veliko skledo in prelijte z vrelo vodo. Pustite 10 minut, nato odcedite. Česen zmešajte z maslom ali margarino. Globok pekač s premerom 25 cm/10 premažite z maslom. Začnite in končajte s krompirjem, posodo napolnite z izmeničnimi plastmi krompirjevih rezin, dvema tretjinama sira in dvema tretjinama maslene mešanice, med plastmi pa posujte sol in poper. Mleko previdno zlijemo po boku posode, nato pa potresemo po preostalem siru in česnovem maslu. Potresemo s papriko. Pokrijte s filmom za živila (plastično folijo) in ga dvakrat zarežite, da lahko para uhaja. Kuhajte na polni moči 20 minut in posodo štirikrat obrnite. Krompir mora biti rahlo al dente, kot testenine, če pa želite, da je mehkejši, ga kuhajte na Polni še dodatnih 3–5 minut. Pustite stati 5 minut, nato odkrijte in postrezite.

Savojski krompir

Služi 6

Pripravite kot krompir Dauphine, le da mleko nadomestite z osnovo ali polovico belega vina in polovico jušne osnove.

Château krompir

Služi 6

Pripravite kot krompir Dauphine, vendar mleko nadomestite z jabolčnikom.

Krompir z omako iz mandljevega masla

Služi za 4–5

450 g/1 lb mladega krompirja, neolupljenega in očiščenega
30 ml/2 žlici vode
75 g/3 oz/1/3 skodelice nesoljenega (sladkega) masla
75 g/3 oz/¾ skodelice narezanih mandljev, opečenih in zdrobljenih
15 ml/1 žlica svežega limetinega soka

Krompir postavite v posodo s prostornino 1,5 litra/2½ pt/6 skodelic z vodo. Pokrijte s filmom za živila (plastično folijo) in ga dvakrat zarežite, da lahko para uhaja. Kuhajte na polni moči 11–12 minut, dokler se ne zmehča. Pustite stati med pripravo omake. Maslo dajte v merilni vrč in ga brez pokrova stopite 2–2 minuti in pol na odmrzovanju. Primešamo še preostale sestavine. Pretresemo z odcejenim krompirjem in postrežemo.

Služi 4

Zaradi sveže pikantnosti je paradižnik privlačen kot priloga k jagnjetini in perutnini, pa tudi k lososu in skuši.

4 veliki paradižniki, vodoravno prepolovljeni
Sol in sveže mlet črni poper
5 ml/1 žlička drobno naribane limetine lupinice
30 ml/2 žlici polnozrnate gorčice
Sok 1 limete

Paradižnik postavite v krog, s prerezano stranjo navzgor, okrog roba velikega krožnika. Potresemo s soljo in poprom. Preostale sestavine temeljito premešamo in razporedimo po paradižnikih. Kuhajte brez pokrova na polni moči 6 minut in krožnik trikrat obrnite. Pustite stati 1 minuto.

Dušena kumara

Služi 4

1 kumara, olupljena
30 ml/2 žlici masla ali margarine, na kuhinjski temperaturi
2,5–5 ml/½–1 čajne žličke soli
30 ml/2 žlici drobno sesekljanih listov peteršilja ali koriandra
(cilantra)

Kumaro narežite na zelo tanke rezine, pustite stati 30 minut, nato ožemite v čisto kuhinjsko krpo (krpo za posodo). Maslo ali margarino dajte v posodo s prostornino 1,25 l/2¼ pt/5½ skodelice in jo 1–1¼ minute stopite brez pokrova pri odmrzovanju. Vmešajte kumaro in sol ter nežno premešajte, dokler ni dobro prekrita z maslom. Pokrijte s krožnikom in kuhajte na polni moči 6 minut, dvakrat premešajte. Odkrijte in vmešajte peteršilj ali koriander.

Dušena kumara s pernodom

Služi 4

Pripravite kot za dušeno kumaro, vendar kumari dodajte 15 ml/1 žlico Pernoda.

Marrow Espagnole

Služi 4

Poletna priloga k perutnini in ribam.

15 ml/1 žlica oljčnega olja

1 velika čebula, olupljena in narezana

3 velike paradižnike, blanširane, olupljene in narezane

450 g/1 lb kostnega mozga (buče), olupljenega in narezanega na kocke

15 ml/1 žlica sesekljanega majarona ali origana

5 ml/1 žlička soli

Sveže mleti črni poper

V nepokriti posodi s prostornino 1,75 l/3 pt/7½ skodelice segrevajte olje pri polni moči 1 minuto. Primešamo čebulo in paradižnik. Pokrijte s krožnikom in kuhajte na polni moči 3 minute. Zmešajte vse preostale sestavine, po okusu dodajte poper. Pokrijte s krožnikom in kuhajte na polni moči 8–9 minut, dokler se kostni mozeg ne zmehča. Pustite stati 3 minute.

Gratin iz bučk in paradižnika

Služi 4

3 paradižnike, blanširane, olupljene in grobo narezane
4 bučke (bučke), obložene, z repki in na tanke rezine
1 čebula, sesekljana
15 ml/1 žlica sladnega ali riževega kisa
30 ml/2 žlici sesekljanega ploščatega peteršilja
1 strok česna, zdrobljen
Sol in sveže mlet črni poper
75 ml/5 žlic sira čedar ali ementalec, nariban

Paradižnik, bučke, čebulo, kis, peteršilj in česen damo v globoko posodo premera 20 cm/8. Začinimo po okusu in dobro premešamo. Pokrijte s filmom za živila (plastično folijo) in ga dvakrat zarežite, da lahko para uhaja. Kuhajte na polni moči 15 minut, posodo trikrat obrnite. Odkrijte in potresite s sirom. Bodisi običajno zapecite pod žarom (brojlerji) ali pa se, da prihranite čas, vrnite v mikrovalovno pečico in segrevajte na polni moči 1–2 minuti, dokler sir ne začne mehurčiti in se stopi.

Bučke z brinovimi jagodami

Služi za 4–5

8 brinovih jagod

30 ml/2 žlici masla ali margarine

450 g/1 lb bučk (bučk), narezanih na vrh, z repi in na tanke rezine

2,5 ml/½ žličke soli

30 ml/2 žlici drobno sesekljanega peteršilja

Brinove jagode rahlo zmečkajte s hrbtno stranjo lesene žlice. Maslo ali margarino damo v globoko posodo s premerom 20 cm/8. Stopite, odkrito, na odmrzovanju 1–1½ minute. Zmešamo brinove jagode, bučke in sol ter razporedimo v enakomerni plasti, da prekrije dno jedi. Pokrijte s filmom za živila (plastično folijo) in ga dvakrat zarežite, da lahko para uhaja. Kuhajte na polni moči 10 minut in posodo štirikrat obrnite. Pustite stati 2 minuti. Odkrijemo in potresemo s peteršiljem.

Služi 4

Po teksturi in okusu križanec med belim zeljem in čvrsto solato, kitajski listi so zelo predstavljiva kuhana zelenjava in so močno izboljšani z dodatkom Pernoda, ki doda nežen in subtilen pridih janeža.

675 g/1½ lb kitajski listi, zdrobljeni
50 g/2 oz/¼ skodelice masla ali margarine
15 ml/1 žlica Pernod
2,5–5 ml/½–1 čajne žličke soli

Narezane liste dajte v posodo s prostornino 2 litra/3½ pt/8½ skodelice. V ločeni posodi stopite maslo ali margarino na odmrzovanju 2 minuti. Dodajte k zelju s Pernodom in soljo ter nežno premešajte. Pokrijte s krožnikom in kuhajte na polni moči 12 minut, dvakrat premešajte. Pred serviranjem pustite stati 5 minut.

Fižolovi kalčki na kitajski način

Služi 4

450 g/1 lb svežih fižolovih kalčkov
10 ml/2 žlički temne sojine omake
5 ml/1 žlička Worcestershire omake
5 ml/1 žlička čebulne soli

Vse sestavine stresite skupaj v veliko skledo za mešanje. Prenesite v globok pekač s premerom 20 cm/8 premera (nizozemska pečica). Pokrijte s krožnikom in kuhajte na polni moči 5 minut. Pustite stati 2 minuti, nato premešajte in postrezite.

Korenje s pomarančo

Služi za 4–6

50 g/2 oz/¼ skodelice masla ali margarine
450 g/1 lb korenja, naribanega
1 čebula, naribana
15 ml/1 žlica svežega pomarančnega soka
5 ml/1 žlička drobno naribane pomarančne lupinice
5 ml/1 žlička soli

Maslo ali margarino damo v globoko posodo s premerom 20 cm/8. Stopite, nepokrito, na odmrzovanju 1½ minute. Vmešajte vse preostale sestavine in dobro premešajte. Pokrijte s filmom za živila (plastično folijo) in ga dvakrat zarežite, da lahko para uhaja. Kuhajte na polni moči 15 minut, posodo dvakrat obrnite. Pred serviranjem pustite stati 2–3 minute.

Dušena cikorija

Služi 4

Nenavadna zelenjavna priloga z rahlim okusom po špargljih.
Postrežemo k jajčnim in perutninskim jedem.

4 glavice radiča (belgijske endivije)
30 ml/2 žlici masla ali margarine
1 zelenjavna jušna kocka
15 ml/1 žlica vrele vode
2,5 ml/½ žličke čebulne soli
30 ml/2 žlici limoninega soka

Cikorijo obrežite in zavrzite vse zmečkane ali poškodovane zunanje
liste. Iz dna vsakega odstranite stožčasto sredico, da zmanjšate
grenkobo. Cikorijo narežite na 1,5 cm/½ debele rezine in dajte v 1,25
l/2¼ pt/5½ skodelice enolončnico (nizozemska pečica). Maslo ali
margarino ločeno raztopite na odmrzovanju 1½ minute. Prelijemo po
radiču. V vrelo vodo nadrobite jušno kocko, nato dodajte sol in
limonin sok. Z žlico prelijemo radič. Pokrijte s filmom za živila
(plastično folijo) in ga dvakrat zarežite, da lahko para uhaja. Kuhajte
na polni moči 9 minut in posodo trikrat obrnite. Pustite stati 1 minuto,
preden jo postrežete s sokom iz jedi.

Dušeno korenje z limeto

Služi 4

Korenčkova jed intenzivne oranžne barve, namenjena mesnim enolončnicam in divjačini.

450 g/1 lb korenja, narezanega na tanke rezine

60 ml/4 žlice vrele vode

30 ml/2 žlici masla

1,5 ml/¼ žličke kurkume

5 ml/1 žlička drobno naribane limetine lupinice

Korenje položite v posodo s prostornino 1,25 l/2¼ pt/5½ skodelice z vrelo vodo. Pokrijte s filmom za živila (plastično folijo) in ga dvakrat zarežite, da lahko para uhaja. Kuhajte na polni moči 9 minut in posodo trikrat obrnite. Pustite stati 2 minuti. Odtok. Takoj stresite maslo, kurkumo in limetino lupino. Jejte takoj.

Koromač v šeriju

Služi 4

900 g/2 lb koromača

50 g/2 oz/¼ skodelice masla ali margarine

2,5 ml/½ žličke soli

7,5 ml/1½ žličke francoske gorčice

30 ml/2 žlici srednje suhega sherryja

2,5 ml/½ žličke posušenega ali 5 ml/1 žlička sesekljanega svežega pehtrana

Koromač operemo in osušimo. Zavrzite vsa rjava področja, pustite pa "prste" in zelene liste. Stopite maslo ali margarino, nepokrito, na odmrzovanju 1½ –2 minuti. Previdno stepite preostale sestavine. Vsako glavico koromača razpolovite na četrtine in položite v globoko posodo s premerom 25 cm/10 cm. Premažemo z masleno mešanico. Pokrijemo s krožnikom in kuhamo na polni moči 20 minut, posodo štirikrat obrnemo. Pred serviranjem pustite stati 7 minut.

V vinu dušen por s šunko

Služi 4

5 ozkih por, skupaj približno 450 g/1 lb
30 ml/2 žlici masla ali margarine, na kuhinjski temperaturi
225 g/8 oz/2 skodelici kuhane šunke, sesekljane
60 ml/4 žlice rdečega vina
Sol in sveže mlet črni poper

Poru odrežite konice viskija, nato pa vsakemu odrežite le 10 cm/4 in zelenega 'krila'. Por skoraj do vrha previdno po dolžini razpolovimo. Med listi temeljito operemo pod hladno tekočo vodo, da odstranimo morebitno zemljo ali pesek. Maslo ali margarino dajte v pekač velikosti 25 x 20 cm/10 x 8 cm. Talite pri odmrzovanju 1–1½ minute, nato s čopičem premažite dno in stranice. Por razporedimo v enem sloju po podlagi. Potresemo s šunko in vinom ter začinimo. Pokrijte s filmom za živila (plastično folijo) in ga dvakrat zarežite, da lahko para uhaja. Kuhajte na polni moči 15 minut, posodo dvakrat obrnite. Pustite stati 5 minut.

Pečen por

Služi 4

5 ozkih por, skupaj približno 450 g/1 lb
30 ml/2 žlici masla ali margarine
60 ml/4 žlice zelenjavne osnove
Sol in sveže mlet črni poper

Poru odrežite konice viskija, nato pa vsakemu odrežite le 10 cm/4 in zelenega 'krila'. Por skoraj do vrha previdno po dolžini razpolovimo. Med listi temeljito operemo pod hladno tekočo vodo, da odstranimo morebitno zemljo ali pesek. Narežemo na 1,5 cm/½ debele rezine. Postavite v 1,75 l/3 pt/7½ skodelico enolončnico (nizozemska pečica). V ločeni posodi raztopite maslo ali margarino na odmrzovanju 1½ minute. Prilijemo juho in po okusu dobro začinimo. Por po žlicah premešamo. Pokrijte s krožnikom in kuhajte na polni moči 10 minut, dvakrat premešajte.

Solirana zelena

Služi 4

Pripravite kot za enolončni por, vendar por nadomestite s 450 g oprane zelene. Po želji dodajte drobno sesekljano čebulo in kuhajte še 1½ minute.

Paprike polnjene z mesom

Služi 4

4 zelene (bolgarske) paprike
30 ml/2 žlici masla ali margarine
1 čebula, drobno sesekljana
225 g/8 oz/2 skodelici puste mlete (mlete) govedine
30 ml/2 žlici dolgozrnatega riža
5 ml/1 žlička posušene mešanice zelišč
5 ml/1 žlička soli
120 ml/4 fl oz/¼ skodelice vroče vode

Paprikam odrežemo vrhove in rezerviramo. Iz vsake paprike zavrzite notranja vlakna in semena. Od vsakega podstavka odrežite tanek kos, da bo stal pokonci, ne da bi se prevrnil. Maslo ali margarino dajte v posodo in segrevajte na polni moči 1 minuto. Dodajte čebulo. Kuhajte brez pokrova na polni moči 3 minute. Vmešajte meso in ga razdrobite z vilicami. Kuhajte brez pokrova na polni moči 3 minute. Primešajte riž, zelišča, sol in 60 ml/4 žlice vode. Mešanico z žlico stresamo v paprike. Pokončno in tesno skupaj razporedite v čisto globoko posodo. Ponovno pokrijte pokrove in preostalo vodo nalijte v posodo okoli paprik za omako. Pokrijte s filmom za živila (plastično folijo) in ga dvakrat zarežite, da lahko para uhaja. Kuhajte na polni moči 15 minut, posodo dvakrat obrnite. Pred serviranjem pustite stati 10 minut.

Mesno polnjene paprike s paradižnikom

Služi 4

Pripravite kot paprike z mesom, le da vodo nadomestite s paradižnikovim sokom, sladkanim z 10 ml/2 žlički finega sladkorja.

Puranje polnjene paprike z limono in timijanom

Služi 4

Pripravite kot paprike, polnjene z mesom, le da govedino nadomestite z mleto (zmleto) puranje meso, mešanico zelišč pa dodajte 2,5 ml/½ žličke timijana. Dodajte 5 ml/1 žličko drobno naribane limonine lupinice.

Služi 6

Običajno na Poljskem in v Rusiji, kjer gobe zasedajo častno mesto na vsaki mizi. Jejte z mladim krompirjem in kuhanimi jajci.

30 ml/2 žlici masla ali margarine

450 g/1 lb gob

30 ml/2 žlici koruzne moke (koruznega škroba)

30 ml/2 žlici hladne vode

300 ml/½ pt/1¼ skodelice kisle (mlečne kisle) smetane

10 ml/2 žlički soli

Maslo ali margarino dajte v globoko posodo s prostornino 2,25 l/4 pt/10 skodelic. Stopite, nepokrito, na odmrzovanju 1½ minute. Zmešajte gobe. Pokrijte s krožnikom in kuhajte na polni moči 5 minut, dvakrat premešajte. Koruzno moko gladko zmešamo z vodo in vmešamo v smetano. Nežno vmešajte v gobe. Pokrijte kot prej in kuhajte na polni moči 7–8 minut, trikrat premešajte, dokler ni gosta in kremasta. Dodajte sol in takoj pojejte.

Paprika gobe

služi 6

Pripravite kot gobove kreme na poljski način, le da maslu ali margarini, preden stopite, dodajte 1 strok česna. Z gobami zmešajte 15 ml/1 žlico paradižnikove mezge (paste) in paprike. Postrezite z majhnimi testeninami.

Gobe s karijem

služi 6

Pripravite kot gobove kreme na poljski način, vendar maslu ali margarini, preden stopite, dodajte 15–30 ml/1–2 žlici blage curry paste in en strt strok česna. Smetano nadomestimo z gostim navadnim jogurtom in dodamo 10 ml/2 žlički sladkorja (superfinega) s soljo. Postrezite z rižem.

Lentil Dhal

Služi 6–7

Izrazito orientalski s koreninami v Indiji je ta Lentil Dhal prijetno aromatiziran z neštetimi začimbami in ga lahko postrežemo bodisi kot prilogo kariju ali samostojno z rižem kot hranljiv in popoln obrok.

50 g/2 oz/¼ skodelice gheeja, masla ali margarine

4 čebule, sesekljane

1–2 stroka česna, strta

225 g/8 oz/11/3 skodelice oranžne leče, temeljito oprane

5 ml/1 žlička kurkume

5 ml/1 žlička paprike

2,5 ml/½ žličke mletega ingverja

20 ml/4 žličke garam masale

1,5 ml/¼ žličke kajenskega popra

Semena iz 4 zelenih strokov kardamoma

15 ml/1 žlica paradižnikove mezge (pasta)

750 ml/1¼ točke/3 skodelice vrele vode

7,5 ml/1½ žličke soli

Sesekljani listi koriandra (cilantra) za okras

Ghee, maslo ali margarino dajte v 1,75 l/3 pt/7½ skodelico enolončnico (nizozemska pečica). Segrevajte nepokrito na polni moči

1 minuto. Zmešajte čebulo in česen. Pokrijte s krožnikom in kuhajte na polni moči 3 minute. Vmešajte vse preostale sestavine. Pokrijte s krožnikom in kuhajte na polni moči 15 minut, štirikrat premešajte. Pustite stati 3 minute. Če je za osebni okus pregosta, jo razredčite z malo vrele vode. Preden postrežete, okrašeno s koriandrom, napihnite z vilicami.

Služi 6–7

3 čebule

50 g/2 oz/¼ skodelice gheeja, masla ali margarine

1–2 stroka česna, strta

225 g/8 oz/11/3 skodelice oranžne leče, temeljito oprane

3 paradižnike, blanširane, olupljene in narezane

5 ml/1 žlička kurkume

5 ml/1 žlička paprike

2,5 ml/½ žličke mletega ingverja

20 ml/4 žličke garam masale

1,5 ml/¼ žličke kajenskega popra

Semena iz 4 zelenih strokov kardamoma

15 ml/1 žlica paradižnikove mezge (pasta)

750 ml/1¼ točke/3 skodelice vrele vode

7,5 ml/1½ žličke soli

1 velika čebula, narezana na tanke rezine

10 ml/2 žlički sončničnega ali koruznega olja

Na tanko narežite 1 čebulo, preostalo pa sesekljajte. Ghee, maslo ali margarino dajte v 1,75 l/3 pt/7½ skodelico enolončnico (nizozemska pečica). Segrevajte nepokrito na polni moči 1 minuto. Zmešajte sesekljano čebulo in česen. Pokrijte s krožnikom in kuhajte na polni moči 3 minute. Vmešajte vse preostale sestavine. Pokrijte s krožnikom in kuhajte na polni moči 15 minut, štirikrat premešajte. Pustite stati 3 minute. Če je za osebni okus pregosta, jo razredčite z malo vrele vode. Na kolobarje narezano čebulo ločimo in na olju konvencionalno prepražimo (podušimo), da zlato porumeni in hrustljavo zapeče. Pred serviranjem dhal razpihnite z vilicami, okrašen s čebulnimi obročki. (Druga možnost je, da izpustite narezano čebulo in namesto tega okrasite z že pripravljeno ocvrto čebulo, ki je na voljo v supermarketih.)

Služi 4

25 g/1 oz/2 žlici gheeja ali 15 ml/1 žlica arašidovega (arašidovega)

olja

1 čebula, olupljena in narezana

1 por, orezan in sesekljan

2 stroka česna, zdrobljena

15 ml/1 žlica vročega karija

5 ml/1 žlička mlete kumine

5 ml/1 čajna žlička garam masale

2,5 ml/½ žličke kurkume

Sok 1 majhne limone

150 ml/¼ pt/2/3 skodelice zelenjavne osnove

30 ml/2 žlici paradižnikove mezge (pasta)

30 ml/2 žlici praženih indijskih oreščkov

450 g mešane kuhane korenaste zelenjave, narezane na kocke

175 g/6 oz/¾ skodelice rjavega riža, kuhanega

Popadomi, postreči

Ghee ali olje dajte v posodo s prostornino 2,5 litra/4½ pt/11 skodelic.
Segrevajte nepokrito na polni moči 1 minuto. Dodamo čebulo, por in
česen ter dobro premešamo. Kuhajte brez pokrova na polni moči 3
minute. Dodajte kari, kumino, garam masalo, kurkumo in limonin sok.
Kuhajte brez pokrova na polni moči 3 minute in dvakrat premešajte.
Dodamo osnovo, paradižnikovo mezgo in indijske oreščke. Pokrijte z
obrnjenim krožnikom in kuhajte na polni moči 5 minut. Vmešajte
zelenjavo. Pokrijte kot prej in segrevajte pri polni moči 4 minute.
Postrezite z rjavim rižem in popadomi.

Služi 6

1,6 kg/3½ lb mešane zelenjave, kot je rdeča ali zelena (bolgarska)

paprika; bučke (bučke); neolupljeni jajčevci (jajčevci); korenje;

krompir; brstični ohrovt ali brokoli; čebula; por

30 ml/2 žlici arašidovega (arašidovega) ali koruznega olja

2 stroka česna, zdrobljena

60 ml/4 žlice paradižnikove mezge (pasta)

45 ml/3 žlice garam masale

30 ml/2 žlici blagega, srednje vročega ali vročega curryja

5 ml/1 čajna žlička mletega koriandra (cilantra)

5 ml/1 žlička mlete kumine

15 ml/1 žlica soli

1 velik lovorjev list

400 g/14 oz/1 velika pločevinka narezanih paradižnikov

15 ml/1 žlica sladkorja (super finega).

150 ml/¼ pt/2/3 skodelice vrele vode

250 g/9 oz/velikodušno 1 skodelica basmati ali dolgozrnatega riža,

kuhanega

Gost navadni jogurt, za serviranje

Pripravite vso zelenjavo glede na vrsto. Narežite na majhne kocke ali po potrebi narežite. Postavite v 2,75 l/5 pt/12 skodelic globoko posodo. Zmešajte vse preostale sestavine razen vrele vode in riža. Pokrijte z velikim krožnikom in kuhajte na polni moči 25–30 minut, štirikrat premešajte, dokler zelenjava ni mehka, a še vedno čvrsta na ugriz. Odstranite lovorjev list, zmešajte z vodo in prilagodite začimbe po okusu – curry bo morda potreboval nekaj dodatne soli. Postrezite z rižem in skledo gostega navadnega jogurta.

Želeirana sredozemska solata

Služi 6

300 ml/½ pt/1 ¼ skodelice hladne zelenjavne osnove ali vode za
kuhanje zelenjave
15 ml/1 žlica želatine v prahu
45 ml/3 žlice paradižnikovega soka
45 ml/3 žlice rdečega vina
1 zelena (bolgarska) paprika, očiščena in narezana na trakove
2 paradižnika, blanširana, olupljena in narezana
30 ml/2 žlici odcejenih kaper
50 g /2 oz/¼ skodelice sesekljanih kumaric (cornichons)
12 polnjenih oliv, narezanih
10 ml/2 žlički sardonove omake

V posodo nalijte 45 ml/3 žlice jušne osnove ali vode za kuhanje zelenjave. Vmešamo želatino. Pustite stati 5 minut, da se zmehča. Stopite, odkrito, na odmrzovanju 2–2 minuti in pol. Preostalo osnovo primešamo paradižnikovemu soku in vinu. Pokrijte, ko je hladen, nato pa ohladite, dokler se le ne začne gostiti in strjevati. Trakove paprike položite v skledo in prelijte z vrelo vodo. Pustite 5 minut, da se zmehča, nato odcedite. Paradižnik in papriko vmešajte v strjevalni žele z vsemi preostalimi sestavinami. Prenesite v 1,25 l/2¼ pt/5½ skodelice namočen model za žele ali posodo. Pokrijte in ohladite nekaj ur, dokler se ne strdi. Za serviranje potopite model ali posodo v skledo z vročo vodo in iz nje, da se zrahlja, nato pa z vročim mokrim nožem nežno potegnite po straneh. Pred serviranjem obrnite na namočen krožnik. (Močenje prepreči lepljenje želeja.)

Grška solata v želeju

Služi 6

Pripravimo kot želeirano mediteransko solato, le da izpustimo kapre in kumarice (cornichons). Dodajte 125 g/4 oz/1 skodelico drobno narezanega feta sira in 1 majhno sesekljano čebulo. Za polnjene zamenjajte črne olive brez koščic.

Ruska solata v želeju

Služi 6

Pripravite kot mediteransko solato v želeju, vendar paradižnikov sok in vino nadomestite z 90 ml/6 žlic majoneze, paradižnike in papriko pa z 225 g/8 oz/2 skodelici narezanega korenja in krompirja. Dodajte 30 ml/2 žlici kuhanega graha.

Služi 6

900 g/2 lb kolerabe
75 ml/5 žlic vrele vode
5 ml/1 žlička soli
10 ml/2 žlički limoninega soka
60–120 ml/4–6 žlic goste majoneze
10–20 ml/2–4 žličke polnozrnate gorčice
Narezane redkvice, za okras

Kolerabo na debelo olupimo, dobro operemo in vsako glavo narežemo na osem kosov. Damo jo v posodo s prostornino 1,25 l/3 pt/7½ skodelice z vodo, soljo in limoninim sokom. Pokrijte s filmom za živila (plastično folijo) in ga dvakrat zarežite, da lahko para uhaja. Kuhajte na polni moči 10–15 minut, posodo trikrat obrnite, dokler se ne zmehča. Odcedite in narežite na kocke ter dajte v skledo za mešanje. Zmešajte majonezo in gorčico ter v to mešanico stresite kolerabo, dokler niso koščki dobro obloženi. Prestavimo v servirni krožnik in okrasimo z rezinami redkvice.

Skodelice rdeče pese, zelene in jabolk

Služi 6

60 ml/4 žlice hladne vode

15 ml/1 žlica želatine v prahu

225 ml/8 fl oz/1 skodelica jabolčnega soka

30 ml/2 žlici malinovega kisa

5 ml/1 žlička soli

225 g kuhane (ne vložene) rdeče pese (rdeče pese), grobo naribane

1 jedilno (desertno) jabolko, olupljeno in grobo naribano

1 steblo zelene, narezano na tanke vžigalice

1 majhna čebula, sesekljana

V majhno skledo nalijte 45 ml/3 žlice hladne vode in vmešajte želatino. Pustite stati 5 minut, da se zmehča. Stopite, odkrito, na odmrzovanju 2–2 minuti in pol. Preostalo hladno vodo vmešamo z jabolčnim sokom, kisom in soljo. Pokrijte, ko je hladen, nato pa ohladite, dokler se le ne začne gostiti in strjevati. Dodajte rdečo peso, jabolko, zeleno in čebulo delno strjenemu želeju in nežno premešajte, dokler se ne premeša. Prenesite v šest majhnih navlaženih skodelic, nato pokrijte in ohladite, dokler se ne strdi in strdi. Obrnite na posamezne krožnike.

Mock Waldorf Cups

Služi 6

Pripravite kot skodelice rdeče pese, zelene in jabolk, le da zelenjavi in jabolku dodajte 30 ml/2 žlici sesekljanih orehov.

Solata iz zelene s česnom, majonezo in pistacijami

Služi 6

900 g/2 lb zelene (koren zelene)
300 ml/½ pt/1¼ skodelice hladne vode
15 ml/1 žlica limoninega soka
7,5 ml/1½ žličke soli
1 strok česna, zdrobljen
45 ml/3 žlice grobo sesekljanih pistacij
60–120 ml/4–8 žlic goste majoneze
Listi radiča in celi pistacijski orehi za okras

Zeleno debelo olupimo, dobro operemo in vsako glavico narežemo na osem kosov. Postavite v posodo s prostornino 2,25 litra/4 pt/10 skodelic z vodo, limoninim sokom in soljo. Pokrijte s filmom za živila (plastično folijo) in ga dvakrat zarežite, da lahko para uhaja. Kuhajte na polni moči 20 minut in posodo štirikrat obrnite. Odcedite in narežite ter dajte v posodo za mešanje. Dodamo česen in sesekljane pistacije.

Še tople prelijemo z majonezo, dokler niso koščki zelene popolnoma prevlečeni. Prestavite v servirni krožnik. Pred serviranjem okrasite z radičevimi listi in pistacijami, po možnosti še rahlo tople.

Kontinentalna solata iz zelene

Služi 4

Zaradi skupka finih in komplementarnih okusov je to primerna božična solata, ki se poda k hladnemu puranu in gamonu.

750 g/1½ lb zelene (koren zelene)

75 ml/5 žlic vrele vode

5 ml/1 žlička soli

10 ml/2 žlički limoninega soka

Za preliv:

30 ml/2 žlici koruznega ali sončničnega olja

15 ml/1 žlica sladnega ali jabolčnega kisa

15 ml/1 žlica pripravljene gorčice

2,5–5 ml/½–1 žličke kuminih semen

1,5 ml/¼ čajne žličke soli

5 ml/1 čajna žlička prahu (super finega) sladkorja

Sveže mleti črni poper

Zeleno debelo olupimo in narežemo na majhne kocke. Postavite v posodo s prostornino 1,75 l/3 pt/7½ skodelice. Dodajte vrelo vodo, sol in limonin sok. Pokrijte s filmom za živila (plastično folijo) in ga dvakrat zarežite, da lahko para uhaja. Kuhajte na polni moči 10–15 minut, posodo trikrat obrnite, dokler se ne zmehča. Odtok. Vse preostale sestavine temeljito premešajte. Dodamo v vročo zeleno in dobro premešamo. Pokrijte in pustite, da se ohladi. Postrezite pri sobni temperaturi.

Solata iz zelene s slanino

Služi 4

Pripravite kot kontinentalno solato iz zelene, vendar hkrati s prelivom dodajte 4 rezine (rezine) slanine, hrustljavo pečene (pečene) in zdrobljene.

Artičokina solata s papriko in jajci v toplem prelivu

Služi 6

400 g/14 oz/1 velika pločevinka srčkov artičok, odcejenih
400 g/14 oz/1 velika pločevinka rdečega pimienta, odcejenega
10 ml/2 žlički rdečega vinskega kisa
60 ml/4 žlice limoninega soka
125 ml/4 fl oz/½ skodelice oljčnega olja
1 strok česna, zdrobljen
5 ml/1 čajna žlička kontinentalne gorčice
5 ml/1 žlička soli
5 ml/1 čajna žlička prahu (super finega) sladkorja
4 velika trdo kuhana (trdo kuhana) jajca, oluščena in naribana
225 g/8 oz/2 skodelici feta sira, narezanega na kocke

Artičoke razpolovite, pimientos pa narežite na trakove. Izmenično razporedite okrog velikega krožnika, v sredini pa pustite vdolbino. V manjšo posodo dajte kis, limonin sok, olje, česen, gorčico, sol in sladkor. Segrevajte nepokrito na polni moči 1 minuto in dvakrat stepajte. Jajca in sir naložite v kupček na sredino solate in nežno prelijte po toplem prelivu.

Nadev iz žajblja in čebule

Naredi 225–275 g/8–10 oz/11/3–12/3 skodelic

Za svinjino.

25 g/1 oz/2 žlici masla ali margarine
2 čebuli, predhodno kuhani (glej tabelo na strani 45), sesekljani
125 g/4 oz/2 skodelici belih ali rjavih drobtin
5 ml/1 žlička posušenega žajblja
Malo vode ali mleka
Sol in sveže mlet črni poper

Maslo ali margarino dajte v posodo s prostornino 1 litra/1¾ pt/4¼ skodelice. Segrevajte nepokrito na polni moči 1 minuto. Primešamo čebulo. Kuhajte brez pokrova na polni moči 3 minute in vsako minuto premešajte. Zmešajte drobtine in žajbelj ter toliko vode ali mleka, da se poveže v drobtinasto konsistenco. Začinimo po okusu. Uporabite, ko je hladen.

Nadev iz zelene in pesta

Naredi 225–275 g/8–10 oz/11/3–12/3 skodelic

Za ribe in perutnino.

Pripravite kot nadev iz žajblja in čebule, le čebulo nadomestite z 2 drobno nasekljanima stebloma zelene. Pred začimbami vmešajte 10 ml/2 žlički zelenega pesta.

Nadev iz pora in paradižnika

Naredi 225–275 g/8–10 oz/11/3–12/3 skodelic

Za meso in perutnino.

25 g/1 oz/2 žlici masla ali margarine
2 pora, samo beli del, narežemo na zelo tanke rezine
2 paradižnika, blanširana, olupljena in narezana
125 g/4 oz/2 skodelici svežih belih drobtin
Sol in sveže mlet črni poper
Piščančja osnova, če je potrebno

Maslo ali margarino dajte v posodo s prostornino 1 litra/1¾ pt/4¼ skodelice. Segrevajte nepokrito na polni moči 1 minuto. Primešamo por. Kuhajte brez pokrova na polni moči 3 minute in trikrat premešajte. Primešamo paradižnik in drobtine ter začinimo po okusu. Po potrebi povežite z zalogo. Uporabite, ko je hladen.

Nadev iz slanine

Naredi 225–275 g/8–10 oz/11/3–12/3 skodelic

Za meso, perutnino in ribe močnega okusa.

4 rezine (rezine) progaste slanine, narezane na majhne koščke
25 g/1 oz/2 žlici masla, margarine ali masti
125 g/4 oz/2 skodelici svežih belih drobtin
5 ml/1 žlička Worcestershire omake
5 ml/1 čajna žlička pripravljene gorčice
2,5 ml/½ žličke posušene mešanice zelišč
Sol in sveže mlet črni poper
Mleko, če je potrebno

Slanino dajte v posodo s prostornino 1 litra/1¾ pt/4¼ skodelice z maslom, margarino ali mastjo. Kuhajte brez pokrova na polni moči 2 minuti in enkrat premešajte. Zmešajte drobtine, Worcestershire omako, gorčico in zelišča ter začinite po okusu. Po potrebi zalijemo z mlekom.

Slanina in marelični nadev

Naredi 225–275 g/8–10 oz/11/3–12/3 skodelic

Za perutnino in divjad

Pripravimo kot nadev s slanino, le da dodamo 6 dobro opranih in grobo narezanih polovic marelic z zelišči.

Nadev iz gob, limone in timijana

Naredi 225–275 g/8–10 oz/11/3–12/3 skodelic

Za perutnino.

25 g/1 oz/2 žlici masla ali margarine
125 g/4 oz narezanih gob
5 ml/1 žlička drobno naribane limonine lupinice
2,5 ml/½ žličke posušenega timijana
1 strok česna, zdrobljen
125 g/4 oz/2 skodelici svežih belih drobtin
Sol in sveže mlet črni poper
Mleko, če je potrebno

Maslo ali margarino dajte v posodo s prostornino 1 litra/1¾ pt/4¼ skodelice. Segrevajte nepokrito na polni moči 1 minuto. Vmešajte gobe. Kuhajte brez pokrova na polni moči 3 minute in dvakrat premešajte. Primešamo limonino lupinico, timijan, česen in drobtine ter začinimo po okusu. Z mlekom zavežemo le, če nadev ostane na suhi strani. Uporabite, ko je hladen.

Naredi 225–275 g/8–10 oz/11/3–12/3 skodelic

Za perutnino, zelenjavo in ribe.

25 g/1 oz/2 žlici masla ali margarine
1 por, samo beli del, zelo tanko narezan
125 g/4 oz narezanih gob
125 g/4 oz/2 skodelici svežih rjavih drobtin
30 ml/2 žlici sesekljanega peteršilja
Sol in sveže mlet črni poper
Mleko, če je potrebno

Maslo ali margarino dajte v posodo s prostornino 1,25 l/2¼ pt/5½ skodelice. Segrevajte nepokrito na polni moči 1 minuto. Primešamo por. Kuhajte brez pokrova na polni moči 2 minuti in enkrat premešajte. Zmešajte gobe. Kuhajte brez pokrova na polni moči 2 minuti in dvakrat premešajte. Primešamo drobtine in peteršilj ter začinimo po okusu. Z mlekom zavežemo le, če nadev ostane na suhi strani. Uporabite, ko je hladen.

Naredi 225–275 g/8–10 oz/1 1/3–1 2/3 skodelic

Za perutnino.

25 g/1 oz/2 žlici masla ali margarine
1 čebula, drobno sesekljana
1 kolobar svežega ananasa, odstranjene kože in narezano meso
75 g/3 oz/¾ skodelice kuhane šunke, sesekljane
125 g/4 oz/2 skodelici svežih belih drobtin
Sol in sveže mlet črni poper

Maslo ali margarino dajte v posodo s prostornino 1 litra/1¾ pt/4¼ skodelice. Segrevajte nepokrito na polni moči 1 minuto. Primešamo čebulo. Kuhajte brez pokrova na polni moči 2 minuti in enkrat premešajte. Zmešajte ananas in šunko. Kuhajte brez pokrova na polni moči 2 minuti in dvakrat premešajte. Z vilicami premešajte drobtine in začinite po okusu. Uporabite, ko je hladen.

Naredi 225–275 g/8–10 oz/11/3–12/3 skodelic

Za perutnino in ribe.

25 g/1 oz/2 žlici masla ali margarine
6 mladih čebulic (glave čebule), sesekljane
125 g/4 oz narezanih gob
125 g/4 oz/2 skodelici svežih rjavih drobtin
45 ml/3 žlice popraženih indijskih oreščkov
30 ml/2 žlici koriandrovih (cilantro) listov
Sol in sveže mlet črni poper
Sojina omaka, če je potrebno

Maslo ali margarino dajte v posodo s prostornino 1,25 l/2¼ pt/5½ skodelice. Segrevajte nepokrito na polni moči 1 minuto. Primešamo čebulo. Kuhajte brez pokrova na polni moči 2 minuti in enkrat premešajte. Zmešajte gobe. Kuhajte brez pokrova na polni moči 2 minuti in dvakrat premešajte. Zmešajte drobtine, indijske oreščke in koriander ter začinite po okusu. Zabelimo s sojino omako le, če nadev ostane na suhi strani. Uporabite, ko je hladen.

Nadev iz šunke in korenja

Naredi 225–275 g/8–10 oz/11/3–12/3 skodelic

Za perutnino, jagnjetino in divjačino.

Pripravite kot nadev iz šunke in ananasa, vendar ananas nadomestite z 2 naribanima korenčkoma.

Nadev iz šunke, banan in sladke koruze

Naredi 225–275 g/8–10 oz/11/3–12/3 skodelic

Za perutnino.

Pripravite kot nadev iz šunke in ananasa, vendar ananas nadomestite z 1 majhno grobo pretlačeno banano. Dodajte 30 ml/2 žlici sladke koruze (koruze) z drobtinami.

Italijanski nadev

Naredi 225–275 g/8–10 oz/11/3–12/3 skodelic

Za jagnjetino, perutnino in ribe.

30 ml/2 žlici oljčnega olja

1 strok česna

1 steblo zelene, drobno sesekljano

2 paradižnika, blanširana, olupljena in grobo narezana

12 razpolovljenih črnih oliv brez koščic

10 ml/2 žlički sesekljanih listov bazilike

125 g/4 oz/2 skodelici svežih drobtin iz italijanskega kruha, kot je

ciabatta

Sol in sveže mlet črni poper

Oljčno olje dajte v posodo s prostornino 1 litra/1¾ pt/4¼ skodelice.
Segrevajte nepokrito na polni moči 1 minuto. Vmešajte česen in
zeleno. Kuhajte brez pokrova na polni moči 2 minuti in pol in enkrat
premešajte. Zmešajte vse preostale sestavine. Uporabite, ko je hladen.

Španski nadev

Naredi 225–275 g/8–10 oz/11/3–12/3 skodelic

Za močne ribe in perutnino.

Pripravite kot italijanski nadev, vendar črne olive brez koščic zamenjajte z razpolovljenimi polnjenimi olivami. Namesto drobtin italijanskega kruha uporabite navadne bele krušne drobtine in dodajte 30 ml/2 žlici na kosmiče (narezane) in popečenih mandljev.

Pomarančni in koriandrov nadev

Naredi 175 g/6 oz/1 skodelico

Za meso in perutnino.

25 g/1 oz/2 žlici masla ali margarine
1 majhna čebula, drobno sesekljana
125 g/4 oz/2 skodelici svežih belih drobtin
Drobno naribana lupinica in sok 1 pomaranče
45 ml/3 žlice drobno sesekljanih listov koriandra (cilantra).
Sol in sveže mlet črni poper
Mleko, če je potrebno

Maslo ali margarino dajte v posodo s prostornino 1 litra/1¾ pt/4¼ skodelice. Segrevajte nepokrito na polni moči 1 minuto. Primešamo čebulo. Kuhajte brez pokrova na polni moči 3 minute in enkrat premešajte. Zmešajte drobtine, pomarančno lupinico in sok ter koriander (cilantro) in začinite po okusu. Z mlekom zavežemo le, če nadev ostane na suhi strani. Uporabite, ko je hladen.

Nadev iz limete in koriandra

Naredi 175 g/6 oz/1 skodelico

Za ribe.

Pripravite ga kot pomarančni in koriandrov nadev, le da pomarančo nadomestite z naribano lupinico in sokom 1 limete.

Pomarančni in marelični nadev

Naredi 275 g/10 oz/12/3 skodelic

Za bogato meso in perutnino.

125 g/4 oz suhih marelic, opranih
Topel črni čaj
25 g/1 oz/2 žlici masla ali margarine
1 majhna čebula, sesekljana
5 ml/1 žlička drobno naribane pomarančne lupinice
Sok 1 pomaranče
125 g/4 oz/2 skodelici svežih belih drobtin
Sol in sveže mlet črni poper

Marelice namočimo v topel čaj vsaj 2 uri. Odcedite in s škarjami narežite na majhne koščke. Maslo ali margarino dajte v posodo s prostornino 1,25 l/2¼ pt/5½ skodelice. Segrevajte nepokrito na polni moči 1 minuto. Dodajte čebulo. Kuhajte brez pokrova na polni moči 2 minuti in enkrat premešajte. Zmešajte vse preostale sestavine, vključno z marelicami. Uporabite, ko je hladen.

Naredi 275 g/10 oz/12/3 skodelic

Za svinjino, jagnjetino, raco in gos.

25 g/1 oz/2 žlici masla ali margarine
1 jedilno (desertno) jabolko, olupljeno, na četrtine narezano peško in
narezano
1 majhna čebula, sesekljana
30 ml/2 žlici rozin
30 ml/2 žlici sesekljanih orehov
5 ml/1 čajna žlička prahu (super finega) sladkorja
125 g/4 oz/2 skodelici svežih belih drobtin
Sol in sveže mlet črni poper

Maslo ali margarino dajte v posodo s prostornino 1,25 l/2¼ pt/5½ skodelice. Segrevajte nepokrito na polni moči 1 minuto. Primešamo jabolko in čebulo. Kuhajte brez pokrova na polni moči 2 minuti in enkrat premešajte. Zmešajte vse preostale sestavine. Uporabite, ko je hladen.

Nadev iz jabolk, suhih sliv in brazilskih oreščkov

Naredi 275 g/10 oz/12/3 skodelic

Za jagnjetino in purana.

Pripravite kot za nadev iz jabolk, rozin in orehov, le da rozine nadomestite z 8 izkoščičenimi (razkoščičenimi) nasekljanimi suhimi slivami, orehe pa z 30 ml/2 žlici na tanko narezanih brazilskih orehov.

Nadev iz jabolk, datljev in lešnikov

Naredi 275 g/10 oz/12/3 skodelic

Za jagnjetino in divjačino.

Pripravite kot nadev iz jabolk, rozin in orehov, le da rozine nadomestite s 45 ml/3 žlice sesekljanih datljev, orehe pa s 30 ml/2 žlici praženih in sesekljanih lešnikov.

Nadev iz česna, rožmarina in limone

Naredi 175 g/6 oz/1 skodelico

Za jagnjetino in svinjino.

25 g/1 oz/2 žlici masla ali margarine
2 stroka česna, zdrobljena
Naribana lupinica 1 manjše limone
5 ml/1 čajna žlička zdrobljenega posušenega rožmarina
15 ml/1 žlica sesekljanega peteršilja
125 g/4 oz/2 skodelici svežih belih ali rjavih drobtin
Sol in sveže mlet črni poper
Po potrebi mleko ali suho rdeče vino

Maslo ali margarino dajte v posodo s prostornino 1 litra/1¾ pt/4¼ skodelice. Segrevajte nepokrito na polni moči 1 minuto. Vmešamo česen in limonino lupinico. Segrevajte brez pokrova na polni moči 30 sekund. Zmešajte in vmešajte rožmarin, peteršilj in drobtine. Začinimo po okusu. Zavežemo z mlekom ali vinom le, če nadev ostane na suhi strani. Uporabite, ko je hladen.

Nadev iz česna, rožmarina in limone s parmezanom

Naredi 175 g/6 oz/1 skodelico.

Za govedino.

Pripravite kot nadev iz česna, rožmarina in limone, le da dodate 45 ml/3 žlice naribanega parmezana z drobtinami.

Nadev iz morskih sadežev

Naredi 275 g/10 oz/12/3 skodelic

Za ribe in zelenjavo.

25 g/1 oz/2 žlici masla ali margarine
125 g/4 oz/1 skodelica celih olupljenih kozic (škampov)
5 ml/1 žlička drobno naribane limonine lupinice
125 g/4 oz/2 skodelici svežih belih drobtin
1 jajce, pretepeno
Sol in sveže mlet črni poper
Mleko, če je potrebno

Maslo ali margarino dajte v posodo s prostornino 1 litra/1¾ pt/4¼ skodelice. Segrevajte nepokrito na polni moči 1 minuto. Vmešamo kozice, limonino lupinico, drobtine in jajce ter začinimo po okusu. Z mlekom zavežemo le, če nadev ostane na suhi strani. Uporabite, ko je hladen.

Nadev iz parmske šunke

Naredi 275 g/10 oz/12/3 skodelic

Za perutnino.

Pripravite kot za nadev iz morskih sadežev, vendar kozice (škampe) nadomestite s 75 g/3 oz/¾ skodelice grobo sesekljane parmske šunke.

Nadev iz klobas

Naredi 275 g/10 oz/12/3 skodelic

Za perutnino in svinjino.

25 g/1 oz/2 žlici masla ali margarine
225 g/8 oz/1 skodelica svinjske ali goveje klobase
1 majhna čebula, naribana
30 ml/2 žlici drobno sesekljanega peteršilja
2,5 ml/½ žličke gorčice v prahu
1 jajce, pretepeno

Maslo ali margarino dajte v posodo s prostornino 1 litra/1¾ pt/4¼ skodelice. Segrevajte nepokrito na polni moči 1 minuto. Zmešajte klobase in čebulo. Kuhajte brez pokrova na polni moči 4 minute in vsako minuto premešajte, da zagotovite, da je meso klobase temeljito razdrobljeno. Zmešajte vse preostale sestavine. Uporabite, ko je hladen.

Nadev iz klobas in jeter

Naredi 275 g/10 oz/12/3 skodelic

Za perutnino.

Pripravite kot nadev iz klobas, vendar zmanjšajte količino klobas na 175 g/6 oz/¾ skodelice. Dodajte 50 g/2 oz/½ skodelice grobo sesekljanih piščančjih jeter s klobaso in čebulo.

Nadev iz klobas in sladke koruze

Naredi 275 g/10 oz/12/3 skodelic

Za perutnino.

Pripravite kot nadev za klobase, vendar ob koncu kuhanja vmešajte 30–45 ml/2–3 žlice kuhane sladke koruze.

Nadev iz klobas in pomaranč

Naredi 275 g/10 oz/12/3 skodelic

Za perutnino.

Pripravimo kot nadev za klobase, le da ob koncu kuhanja dodamo 5–10 ml/1–2 žlički drobno naribane pomarančne lupinice.

Kostanjev nadev z jajcem

Naredi 350 g/12 oz/2 skodelici

Za perutnino.

125 g/4 oz/1 skodelica posušenih kostanjev, namočenih čez noč v vodi,
nato odcejenih
25 g/1 oz/2 žlici masla ali margarine
1 majhna čebula, naribana
1,5 ml/¼ žličke mletega muškatnega oreščka
125 g/4 oz/2 skodelici svežih rjavih drobtin
5 ml/1 žlička soli
1 veliko jajce, pretepljeno
15 ml/1 žlica dvojne (težke) smetane

Kostanj dajte v 1,25 l/2¼ pt/5½ skodelico enolončnico (nizozemska pečica) in prelijte z vrelo vodo. Pustite stati 5 minut. Pokrijte s filmom za živila (plastično folijo) in ga dvakrat zarežite, da lahko para uhaja. Kuhajte na polni moči 30 minut, dokler se kostanj ne zmehča. Odcedimo in pustimo, da se ohladi. Razdrobite na majhne koščke. Maslo ali margarino dajte v posodo s prostornino 1,25 l/2¼ pt/5½ skodelice. Segrevajte nepokrito na polni moči 1 minuto. Dodajte čebulo. Kuhajte brez pokrova na polni moči 2 minuti in enkrat premešajte. Zmešajte kostanj, muškatni orešček, drobtine, sol in jajce. Povežite skupaj s kremo. Uporabite, ko je hladen.

Kostanjev in brusnični nadev

Naredi 350 g/12 oz/2 skodelici

Za perutnino.

Pripravimo kot kostanjev nadev z jajcem, le da namesto jajc nadev povežemo s 30–45 ml/2–3 žlici brusnične omake. Če nadev ostane na suhi strani, dodamo malo smetane.

Kremni kostanjev nadev

Naredi 900 g/2 lb/5 skodelic

Za perutnino in ribe.

50 g/2 oz/¼ skodelice masla, margarine ali slanine
1 čebula, naribana
500 g/1 lb 2 oz/2¼ skodelice konzerviranega nesladkanega
kostanjevega pireja
225 g/8 oz/4 skodelice svežih belih drobtin
Sol in sveže mlet črni poper
2 jajci, pretepeni
Mleko, če je potrebno

V posodo s prostornino 1¾ litra/3 pt/7½ skodelice dajte maslo, margarino ali tekočino. Odkrito segrevajte na polni moči 1½ minute. Dodajte čebulo. Kuhajte brez pokrova na polni moči 2 minuti in enkrat premešajte. Dobro vmešamo kostanjev pire, drobtine, sol in poper po okusu ter jajca. Z mlekom zavežemo le, če nadev ostane na suhi strani. Uporabite, ko je hladen.

Kremni nadev iz kostanja in klobas

Naredi 900 g/2 lb/5 skodelic

Za perutnino in divjad.

Pripravite kot kremni kostanjev nadev, vendar polovico kostanjevega pireja nadomestite z 250 g/9 oz/velikodušno 1 skodelico klobase.

Kremni kostanjev nadev s celimi kostanji

Naredi 900 g/2 lb/5 skodelic

Za perutnino.

Pripravimo kot kremni kostanjev nadev, le da dodamo 12 kuhanih in nadrobljenih kostanjev z drobtinami.

Kostanjev nadev s peteršiljem in timijanom

Naredi 675 g/1½ lb/4 skodelice

Za purana in piščanca.

15 ml/1 žlica masla ali margarine
5 ml / 1 žlička sončničnega olja
1 majhna čebula, drobno sesekljana
1 strok česna, zdrobljen
50 g/2 oz/1 skodelica suhe mešanice za nadev s peteršiljem in
timijanom
440 g/15½ oz/2 skodelici nesladkanega kostanjevega pireja v
pločevinki
150 ml/¼ pt/2/3 skodelice vroče vode
Drobno naribana lupinica 1 limone
1,5–2,5 ml/¼–½ žličke soli

Maslo ali margarino in olje dajte v posodo s prostornino 1,25 l/2¼ pt/5½ skodelice. Segrevajte nepokrito na polni moči 25 sekund. Dodajte čebulo in česen. Kuhajte brez pokrova na polni moči 3 minute. Dodamo suho zmes za nadev in dobro premešamo. Kuhajte brez pokrova na polni moči 2 minuti in dvakrat premešajte. Odstranite iz mikrovalovne pečice. Postopoma vmešajte kostanjev pire izmenično z vročo vodo, dokler ni gladka. Primešamo limonino lupinico in sol po okusu. Uporabite, ko je hladen.

Kostanjev nadev z gamonom

Naredi 675 g/1½ lb/4 skodelice

Za purana in piščanca.

Pripravite kot kostanjev nadev s peteršiljem in timijanom, vendar dodajte 75 g/3 oz/¾ skodelice sesekljanega gamona z limonino lupinico in soljo.

Nadev iz piščančjih jeter

Naredi 350 g/12 oz/2 skodelici

Za perutnino in divjad.

125 g/4 oz/2/3 skodelice piščančjih jeter
25 g/1 oz/2 žlici masla ali margarine
1 čebula, naribana
30 ml/2 žlici drobno sesekljanega peteršilja
1,5 ml/¼ žličke mletega pimenta
125 g/4 oz/2 skodelici svežih belih ali rjavih drobtin
Sol in sveže mlet črni poper
Piščančja osnova, če je potrebno

Jetrca operemo in osušimo na kuhinjskem papirju. Narežemo na majhne koščke. Maslo ali margarino dajte v posodo s prostornino 1,25 l/2¼ pt/5½ skodelice. Segrevajte nepokrito na polni moči 1 minuto. Dodajte čebulo. Kuhajte brez pokrova na polni moči 2 minuti in enkrat premešajte. Dodajte jetrca. Kuhajte brez pokrova na odmrzovanju 3 minute in 3-krat premešajte. Primešamo peteršilj, piment in drobtine ter začinimo po okusu. Povežite z malo juhe le, če nadev ostane na suhi strani. Uporabite, ko je hladen.

Nadev iz piščančjih jeter z orehi orehi in pomarančo

Naredi 350 g/12 oz/2 skodelici

Za perutnino in divjad.

Pripravite kot nadev iz piščančjih jeter, vendar dodajte 30 ml/2 žlici zdrobljenih orehov pekan in 5 ml/1 žlico drobno naribane pomarančne lupinice skupaj z drobtinami.

Nadev s trojnimi orehi

Naredi 350 g/12 oz/2 skodelici

Za perutnino in meso.

15 ml/1 žlica sezamovega olja
1 strok česna, zdrobljen
125 g/4 oz/2/3 skodelice fino mletih lešnikov
125 g/4 oz/2/3 skodelice fino mletih orehov
125 g/4 oz/2/3 skodelice fino mletih mandljev
Sol in sveže mlet črni poper
1 jajce, pretepeno

Olje vlijemo v precej velik krožnik. Segrevajte nepokrito na polni moči 1 minuto. Dodajte česen. Kuhajte brez pokrova na polni moči 1 minuto. Vmešajte vse oreščke in začinite po okusu. Povežite z jajcem. Uporabite, ko je hladen.

Nadev iz krompirja in puranjih jeter

Naredi 675 g/1½ lb/4 skodelice

Za perutnino.

450 g/1 lb mokastega krompirja
25 g/1 oz/2 žlici masla ali margarine
1 čebula, sesekljana
2 rezini (rezini) progaste slanine, sesekljane
5 ml/1 žlička posušene mešanice zelišč
45 ml/3 žlice drobno sesekljanega peteršilja
2,5 ml/½ žličke mletega cimeta
2,5 ml/½ žličke mletega ingverja
1 jajce, pretepeno
Sol in sveže mlet črni poper

Krompir skuhajte po navodilih za kremni krompir, vendar uporabite samo 60 ml/4 žlice vode. Odcedimo in pretlačimo. Maslo ali margarino dajte v posodo s prostornino 1,25 l/2¼ pt/5½ skodelice. Segrevajte nepokrito na polni moči 1 minuto. Primešamo čebulo in slanino. Kuhajte brez pokrova na polni moči 3 minute in dvakrat premešajte. Zmešajte vse preostale sestavine, vključno s krompirjem, začinite po okusu. Uporabite, ko je hladen.

Rižev nadev z zelišči

Naredi 450 g/1 lb/22/3 skodelice

Za perutnino.

125 g/4 oz/2/3 skodelice enostavno skuhanega dolgozrnatega riža
250 ml/8 fl oz/1 skodelica vrele vode
2,5 ml/½ žličke soli
25 g/1 oz/2 žlici masla ali margarine
1 majhna čebula, naribana
5 ml/1 žlička sesekljanega peteršilja
5 ml/1 čajna žlička listov koriandra
5 ml/1 žlička žajblja
5 ml/1 čajna žlička listov bazilike

Skuhajte riž z vodo in soljo po navodilih. Maslo ali margarino dajte v posodo s prostornino 1,25 l/2¼ pt/5½ skodelice. Segrevajte nepokrito na polni moči 1 minuto. Primešamo čebulo. Kuhajte brez pokrova na polni moči 1 minuto in enkrat premešajte. Zmešajte riž in zelišča. Uporabite, ko je hladen.

Španski rižev nadev s paradižnikom

Naredi 450 g/1 lb/22/3 skodelice

Za perutnino.

125 g/4 oz/2/3 skodelice enostavno skuhanega dolgozrnatega riža
250 ml/8 fl oz/1 skodelica vrele vode
2,5 ml/½ žličke soli
25 g/1 oz/2 žlici masla ali margarine
1 majhna čebula, naribana
30 ml/2 žlici sesekljane zelene paprike
1 paradižnik, sesekljan
30 ml/2 žlici sesekljanih polnjenih oliv

Skuhajte riž z vodo in soljo po navodilih. Maslo ali margarino dajte v posodo s prostornino 1,25 l/2¼ pt/5½ skodelice. Segrevajte nepokrito na polni moči 1 minuto. Primešajte čebulo, zeleno papriko, paradižnik in olive. Kuhajte brez pokrova na polni moči 2 minuti in enkrat premešajte. Vmešajte riž. Uporabite, ko je hladen.

Nadev iz sadnega riža

Naredi 450 g/1 lb/22/3 skodelice

Za perutnino.

125 g/4 oz/2/3 skodelice enostavno skuhanega dolgozrnatega riža
250 ml/8 fl oz/1 skodelica vrele vode
2,5 ml/½ žličke soli
25 g/1 oz/2 žlici masla ali margarine
1 majhna čebula, naribana
5 ml/1 žlička sesekljanega peteršilja
6 posušenih polovic marelic, sesekljanih
6 suhih sliv brez koščic, narezanih
5 ml/1 čajna žlička drobno naribane lupine klementine ali satsuma

Skuhajte riž z vodo in soljo po navodilih. Maslo ali margarino dajte v posodo s prostornino 1,25 l/2¼ pt/5½ skodelice. Segrevajte nepokrito na polni moči 1 minuto. Primešamo čebulo, peteršilj, marelice, suhe slive in olupke. Kuhajte brez pokrova na polni moči 1 minuto in enkrat premešajte. Vmešajte riž. Uporabite, ko je hladen.

Daljni vzhodni rižev nadev

Naredi 450 g/1 lb/22/3 skodelice

Za perutnino.

Pripravite kot rižev nadev z zelišči, vendar uporabite samo koriander (cilantro). Čebuli dodajte 6 konzerviranih in narezanih vodnih kostanjev ter 30 ml/2 žlici grobo sesekljanih praženih indijskih oreščkov.

Slani rižev nadev z orehi

Naredi 450 g/1 lb/22/3 skodelice

Za perutnino.

Pripravite kot rižev nadev z zelišči, vendar uporabite samo peteršilj. Dodajte 30 ml/2 žlici na kosmiče (narezane) in opečene mandlje ter 30 ml/2 žlici nasoljenih arašidov s čebulo.

Čokoladni hrustljavi kolački

Naredi 16

75 g/3 oz/2/3 skodelice masla ali margarine
30 ml/2 žlici zlatega (svetlega koruznega) sirupa, stopljenega
15 ml/1 žlica presejanega kakava (nesladkana čokolada) v prahu
45 ml/3 žlice prahu (super finega) sladkorja
75 g/3 oz/1½ skodelice koruznih kosmičev

Maslo ali margarino in sirup brez pokrova stopite na odmrzovanju 2–3 minute. Vmešajte kakav in sladkor. Koruzne kosmiče zložite z veliko kovinsko žlico in premešajte, dokler niso dobro prevlečeni. Položite v papirnate tortne posode (papir za kolačke), postavite na desko ali pladenj in ohladite, dokler se strdi.

Torta s hudičevo hrano

Služi 8

*Sanje o severnoameriški torti iz predelovalca hrane z lahko in puhasto
teksturo ter globokim čokoladnim okusom.*

*100 g/4 oz/1 skodelica navadne (polsladke) čokolade, nalomljene na
koščke*
225 g/8 oz/2 skodelici samovzhajajoče (samovzhajajoče) moke
25 g/1 oz/2 žlici kakava (nesladkana čokolada) v prahu
1,5 ml/¼ žličke sode bikarbone (soda bikarbona)
200 g/7 oz/manjka 1 skodelica temno mehkega rjavega sladkorja
*150 g/5 oz/2/3 skodelice masla ali mehke margarine, na kuhinjski
temperaturi*
5 ml/1 čajna žlička vaniljeve esence (izvleček)
2 veliki jajci, na kuhinjski temperaturi
*120 ml/4 fl oz/½ skodelice pinjenca ali 60 ml/4 žlice posnetega mleka
in navadnega jogurta*
Sladkor v prahu (slaščičarski), za posipanje

Dno in stranice globokega pekača za sufle z ravnimi stranicami s
premerom 20 cm/8 tesno obložite s filmom za živila (plastično folijo).
Čokolado stopite v majhni posodi na odmrzovanju 3–4 minute in
dvakrat premešajte. Moko, kakav in sodo bikarbono presejte

neposredno v skledo kuhinjskega robota. Dodajte stopljeno čokolado z vsemi preostalimi sestavinami in kuhajte približno 1 minuto ali dokler se sestavine dobro ne povežejo in zmes spominja na gosto testo. Z žlico nadevamo v pripravljeno posodo in jo ohlapno pokrijemo s kuhinjskim papirjem. Kuhajte na polni moči 9–10 minut, posodo dvakrat obrnite, dokler se torta ne dvigne do roba posode in je vrh prekrit z majhnimi, razpokanimi mehurčki in je videti precej suh. Če ostanejo kakršni koli lepljivi madeži, kuhajte na polni nadaljnjih 20–30 sekund. Pustite stati v mikrovalovni pečici približno 15 minut (torta bo rahlo padla), nato ga vzemite ven in pustite, da se ohladi, dokler ni ravno toplo. Previdno dvignite iz posode tako, da držite film za živila in prestavite na rešetko, da se popolnoma ohladi. Odstranite folijo za živila in jo pred serviranjem potresite s presejanim sladkorjem v prahu. Hraniti v npredušni posodi.

Mocha torta

Služi 8

Pripravite kot torto Devil's Food Cake, vendar torto, ko je hladna, vodoravno razrežite na tri plasti. Stepajte 450 ml/¾ pt/2 skodelici dvojne (težke) ali smetane za stepanje, dokler ni gosta. Sladkajte po okusu z malo presejanega sladkorja v prahu (slaščičarskega) in nato močno začinite s hladno črno kavo. Uporabite nekaj smetane, da zlepite plasti torte skupaj, nato pa preostanek zavrtite po vrhu in ob straneh. Pred serviranjem rahlo ohladite.

Večplastna torta

Služi 8

Pripravite kot torto Devil's Food Cake, vendar torto, ko je hladna, vodoravno razrežite na tri plasti. Sendvič skupaj z marelično marmelado, stepeno smetano in naribano čokolado ali čokoladnim namazom.

Črna gozdna češnjeva torta

Služi 8

Pripravimo kot torto Devil's Food Cake, le da torto hladno vodoravno razrežemo na tri plasti in vsako navlažimo s češnjevim likerjem. Sendvič skupaj s češnjevo marmelado (konzervirano) ali češnjevim sadnim nadevom. Stepite 300 ml/½ pt/1¼ skodelice dvojne (težke) ali smetane za stepanje, dokler ni gosta. Namažite po vrhu in straneh torte. Ob straneh pritisnite zdrobljeno čokoladno ploščico ali naribano čokolado, nato pa vrh okrasite z razpolovljenimi glaziranimi (kandiranimi) češnjami.

Čokoladno pomarančni gateau

Služi 8

Pripravite kot torto Devil's Food Cake, le da torto hladno vodoravno
razrežite na tri plasti in vsako navlažite s pomarančnim likerjem.
Sendvič skupaj z drobno narezano pomarančno marmelado in tankim
kosom marcipana (mandljeva pasta). Stepite 300 ml/½ pt/1¼ skodelice
dvojne (težke) ali smetane za stepanje, dokler ni gosta. Obarvajte in
rahlo sladkajte z 10–15 ml/2–3 žličke črnega melasnega sirupa
(melase), nato vmešajte 10 ml/2 žlički naribane pomarančne lupinice.
Namažite po vrhu in straneh torte.

Torta s čokoladno masleno kremo

Služi za 8–10

30 ml/2 žlici kakava (nesladkana čokolada) v prahu
60 ml/4 žlice vrele vode
175 g/6 oz/¾ skodelice masla ali margarine, na kuhinjski temperaturi
175 g/6 oz/¾ skodelice temno mehkega rjavega sladkorja
5 ml/1 čajna žlička vaniljeve esence (izvleček)
3 jajca, na kuhinjski temperaturi
175 g/6 oz/1½ skodelice samovzhajajoče (samovzhajajoče) moke
15 ml/1 žlica črnega melasega melase
Maslena kremna glazura
Sladkor v prahu (slaščičarski) za posipanje (neobvezno)

Dno in stranice pekača za sufle s premerom 18 x 9 cm/7 x 3½ tesno obložite s filmom za živila (plastično folijo), tako da rahlo visi čez rob. Kakav gladko zmešamo z vrelo vodo. Zmešajte maslo ali margarino, sladkor in vanilijevo esenco, dokler ne postane svetlo in puhasto. Eno za drugo stepite jajca in vsakemu dodajte 15 ml/1 žlico moke. Dodamo preostalo moko s črnim melasom, dokler ni enakomerna. Gladko razporedimo po pripravljeni posodi in jo ohlapno pokrijemo s kuhinjskim papirjem. Pecite na polni moči 6–6½ minut, dokler torta ni dobro vzhajana in na vrhu ni več videti vlažna. Ne prekuhajte, sicer se bo torta skrčila in postala trda. Pustite stati 5 minut, nato torto enostavno vzemite iz posode tako, da držite film za živila (plastični ovoj) in jo prestavite na rešetko. Nežno odlepite ovoj in pustite, da se ohladi. Torto vodoravno prerežite na tri plasti in jo skupaj z glazuro zložite v sendvič. Pred rezanjem po vrhu potresemo s presejanim sladkorjem v prahu.

Čokoladna Mocha torta

Služi za 8–10

Pripravite kot torto s čokoladno masleno kremo, le da glazuro (glazuro) začinite s 15 ml/1 žlico zelo močne črne kave. Za bolj intenziven okus dodajte tekoči kavi 5 ml/1 čajno žličko mlete kave.

Pomarančno-čokoladna plast torta

Služi za 8–10

Pripravite kot torto s čokoladno masleno kremo, vendar sestavinam za torto dodajte 10 ml/2 žlički drobno naribane pomarančne lupinice.

Dvojna čokoladna torta

Služi za 8–10

Pripravite kot torto s čokoladno masleno kremo, vendar dodajte 100 g/4 oz/1 skodelico stopljene in ohlajene navadne (polsladke) čokolade glazuri iz maslene kreme (glazura). Pred uporabo pustite, da se strdi.

Služi za 8–10

1 torta s čokoladno masleno kremo
300 ml/½ pt/1¼ skodelice dvojne (težke) smetane
150 ml/¼ pt/2/3 skodelice smetane za stepanje
45 ml/3 žlice presejanega (slaščičarskega) sladkorja v prahu
Kakršna koli aromatična esenca (izvleček), kot so vanilija, vrtnica,
kava, limona, pomaranča, mandelj, ratafija
Oreščki, čokoladni ostružki, srebrni dražeji, kristalizirani cvetni listi
ali glazirano (kandirano) sadje, za okras

Torto vodoravno razrežemo na tri plasti. Smetani stepemo do gostega. Dodajte sladkor v prahu in arome po okusu. Plasti torte zložimo skupaj s kremo in po vrhu okrasimo po želji.

Božični Gâteau

Služi za 8–10

1 torta s čokoladno masleno kremo

45 ml/3 žlice malinove marmelade brez pečk (konzervirajte)

Marcipan (mandljeva pasta)

300 ml/½ pt/1¼ skodelice dvojne (težke) smetane

150 ml/¼ pt/2/3 skodelice smetane za stepanje

60 ml/4 žlice prahu (super finega) sladkorja

Glacé (kandirane) češnje in užitne vejice božike za okras

Torto razrežemo na tri plasti in jo skupaj z marmelado zložimo v sendvič, ki ga prelijemo s tanko razvaljanimi kosi marcipana. Smetano in sladkor stepemo do gostote in z njo prekrijemo vrh in stranice torte. Vrh okrasite s češnjami in bodikom.

Ameriški rjavčki

Naredi 12

50 g/2 oz/½ skodelice navadne (polsladke) čokolade, nalomljene na
koščke

75 g/3 oz/2/3 skodelice masla ali margarine

175 g/6 oz/¾ skodelice temno mehkega rjavega sladkorja

2 jajci, kuhane temperature, stepeni

150 g/5 oz/1¼ skodelice navadne (univerzalne) moke

1,5 ml/¼ žličke pecilnega praška

5 ml/1 čajna žlička vaniljeve esence (izvleček)

30 ml/2 žlici hladnega mleka

Sladkor v prahu (slaščičarski), za posipanje

Maslo in osnovna črta 25 x 16 3 5 cm/10 x 6½ 3 2 v posodo. Čokolado
in maslo ali margarino topite na polni moči 2 minuti in mešajte, dokler
se dobro ne premešata. Stepajte sladkor in jajca, dokler se dobro ne
združita. Moko in pecilni prašek presejemo, nato pa narahlo vmešamo
v čokoladno mešanico z vaniljevo esenco in mlekom. Enakomerno
razporedite po pripravljeni posodi in jo ohlapno pokrijte s kuhinjskim
papirjem. Kuhajte na polni moči 7 minut, dokler torta ni dobro
vzhajana in je na vrhu poprana z majhnimi zlomljenimi luknjami za
zrak. Pustite, da se ohladi v posodi 10 minut. Narežite na kvadratke, po
vrhu na gosto potresite s sladkorjem v prahu in pustite, da se
popolnoma ohladi na rešetki. Hraniti v nepredušni posodi.

Čokoladni piškoti z orehi

Naredi 12

Pripravimo kot ameriške brownije, le da dodamo 90 ml/6 žlic grobo sesekljanih orehov s sladkorjem. Kuhajte še 1 minuto.

Oaten Toffee Trikotniki

Naredi 8

125 g/4 oz/½ skodelice masla ali margarine
50 g/2 oz/3 žlice zlatega (svetlega koruznega) sirupa
25 ml/1½ žlice melase
100 g/4 oz/½ skodelice temno mehkega rjavega sladkorja
225 g/8 oz/2 skodelici ovsene kaše

Globok pekač s premerom 20 cm/8 temeljito namastite. Maslo, sirup, melasni sirup in sladkor stopite skupaj, nepokrite, na odmrzovanju 5 minut. Vmešajte oves in zmes razporedite po krožniku. Kuhajte brez pokrova na polni moči 4 minute in posodo enkrat obrnite. Pustite stati 3 minute. Kuhajte še 1½ minute. Pustimo, da se ohladi do mlačnega, nato pa ga razrežemo na osem trikotnikov. Hladno odstranite iz posode in shranite v nepredušni posodi.

Muesli trikotniki

Naredi 8

Pripravite kot za Oaten Toffee Triangles, vendar ovseno kašo zamenjajte z nesladkanim mueslijem.

Čokoladne kraljice

Naredi 12

125 g/4 oz/1 skodelica samovzhajajoče (samovzhajajoče) moke
30 ml/2 žlici kakava (nesladkana čokolada) v prahu
50 g/2 oz/¼ skodelice masla ali margarine, na kuhinjski temperaturi
50 g/2 oz/¼ skodelice svetlo mehkega rjavega sladkorja
1 jajce
5 ml/1 čajna žlička vaniljeve esence (izvleček)
30 ml/2 žlici hladnega mleka
Sladkorni (slaščičarski) ali čokoladni namaz, za okras (neobvezno)

Skupaj presejemo moko in kakav. V ločeni skledi stepamo maslo ali margarino in sladkor, dokler ne postanejo mehki in puhasti. Stepite jajce in vanilijevo esenco. Izmenično dodajajte mešanico moke z mlekom, hitro mešajte z vilicami brez stepanja. Razdelite med 12 papirnatih zabojev za torto (papir za kolačke). Po šest naenkrat postavite na stekleni ali plastični vrtljivi krožnik, ohlapno pokrijte s kuhinjskim papirjem in kuhajte na polni moči 2 minuti. Ohladite na rešetki. Po želji potresemo s presejanim sladkorjem v prahu ali prelijemo s čokoladnim namazom. Hraniti v nepredušni posodi.

Naredi 12

Pripravite kot čokoladne kraljice, vendar zdrobite majhno čokoladno ploščico in jo nežno vmešajte v zmes za torto, potem ko ste dodali jajce in vanilijevo esenco.

Zajtrk z otrobi in ananasovo torto

Naredi približno 12 kosov

Precej gosta torta in uporaben prigrizek z jogurtom in pijačo.

100 g/3½ oz/1 skodelica All Bran žit

50 g/2 oz/¼ skodelice temno mehkega rjavega sladkorja

175 g/6 oz konzerviranega zdrobljenega ananasa

20 ml/4 žličke gostega medu

1 jajce, pretepeno

300 ml/½ pt/1¼ skodelice posnetega mleka

150 g/5 oz/1¼ skodelice samovzhajajoče (samovzhajajoče)

polnozrnate moke

Dno in stranice pekača za sufle s premerom 18 cm/7 tesno obložite s filmom za živila (plastično folijo), tako da rahlo visi čez rob. V skledo dajte kosmiče, sladkor, ananas in med. Pokrijte s krožnikom in segrevajte pri odmrzovanju 5 minut. Vmešajte preostale sestavine, hitro mešajte brez stepanja. Prestavimo v pripravljeno posodo. Rahlo pokrijte s kuhinjskim papirjem in kuhajte na odmrzovanju 20 minut, posodo štirikrat obrnite. Pustite, dokler se ne ohladi, da se ogreje, nato pa ga prenesite na rešetko tako, da držite film za živila. Ko je popolnoma hladen, ga hranite v nepredušni posodi 1 dan pred rezanjem.

Hrustljava torta s sadnim čokoladnim biskvitom

Naredi 10–12

200 g/7 oz/manjka 1 skodelica navadne (polsladke) čokolade,
nalomljene na kvadratke
225 g/8 oz/1 skodelica nesoljenega (sladkega) masla (ne margarine)
2 veliki jajci, kuhane temperature, stepeni
5 ml/1 čajna žlička vaniljeve esence (izvleček)
75 g/3 oz/¾ skodelice grobo sesekljanih mešanih oreščkov
75 g/3 oz/¾ skodelice sesekljanega kristaliziranega ananasa ali
papaje
75 g/3 oz/¾ skodelice nasekljanega kristaliziranega ingverja
25 ml/1½ žlice sladkorja v prahu (slaščičarskega), presejanega
15 ml/1 žlica sadnega likerja, na primer Grand Marnier ali Cointreau
225 g/8 oz navadnih sladkih piškotov (piškotov), kot so digestivi
(Graham krekerji), vsak razdeljen na 8 kosov

Dno in stranice krožnika s premerom 20 cm/8 ali pekača za sendviče (ponve) tesno obložite s filmom za živila (plastično folijo). Koščke čokolade stopite v veliki skledi brez pokrova in jih 4–5 minut pustite na odmrzovanju, dokler niso zelo mehki, a še vedno ohranijo prvotno obliko. Maslo narežite na velike kocke in ga 2–3 minute stopite nepokrito pri odmrzovanju. Temeljito vmešajte v stopljeno čokolado z jajci in vaniljevo esenco. Zmešajte vse preostale sestavine. Ko je dobro premešano, razporedite v pripravljen model in pokrijte s folijo ali prozorno folijo (plastično folijo). Hladite 24 ur, nato previdno dvignite in odlepite film za živila. Za serviranje narežite na rezine. Med obroki hranite v hladilniku, saj se torta pri sobni temperaturi zmehča.

Hrustljava torta s sadjem Mocha Biscuit

Naredi 10–12

Pripravite tako kot za hrustljavo torto s sadnim čokoladnim biskvitom, vendar stopite 20 ml/4 žličke instant kave v prahu ali zrncih s čokolado in sadni liker nadomestite s kavnim likerjem.

Hrustljava torta s sadnim rumom in rozinami

Naredi 10–12

Pripravite kot za hrustljavo torto s sadnim čokoladnim biskvitom, vendar kristalizirano sadje nadomestite s 100 g/3½ oz/¾ skodelice rozin, liker pa s temnim rumom.

Hrustljava torta s sadnim viskijem in pomarančnim biskvitom

Naredi 10–12

Pripravite tako kot čokoladno krhko torto s sadjem, le da v čokolado in maslo vmešajte drobno naribano lupino 1 pomaranče, liker pa zamenjajte z viskijem.

Crunch torta s sadjem iz bele čokolade

Naredi 10–12

Pripravite kot za hrustljavo torto s sadnim čokoladnim biskvitom, vendar temno čokolado zamenjajte z belo.

Dvoslojni marelično-malinov Cheesecake

Služi 12

Za osnovo:

100 g/3½ oz/½ skodelice masla

225 g/8 oz/2 skodelici čokoladnega digestivnega biskvita (Graham kreker) drobtin

5 ml/1 čajna žlička mešanice začimb (jabolčna pita).

Za marelično plast:

60 ml/4 žlice hladne vode

30 ml/2 žlici želatine v prahu

500 g/1 lb 2 oz/2¼ skodelice skute (gladka skuta)

250 g/9 oz/1¼ skodelice skute ali skute

60 ml/4 žlice gladke marelične marmelade (konzerviraj)

75 g/3 oz/2/3 skodelice strjenega (super finega) sladkorja

3 jajca, ločena

Ščepec soli

Za malinovo plast:

45 ml/3 žlice hladne vode

15 ml/1 žlica želatine v prahu

225 g/8 oz svežih malin, zdrobljenih in presejanih (precejenih)

30 ml/2 žlici prahu (super finega) sladkorja

150 ml/¼ pt/2/3 skodelice dvojne (težke) smetane

Za okras:

Sveže maline, jagode in vrvice rdečega ribeza

Za pripravo osnove stopite maslo, nepokrito, na odmrzovanju 3–3 minute in pol. Vmešamo piškotne drobtine in mešane začimbe. Enakomerno razporedite po dnu vzmetnega tortnega modela (pekača) s premerom 25 cm/10. Hladite 30 minut, dokler se ne strdi.

Za pripravo marelične plasti dajte vodo in želatino v posodo in dobro premešajte, da se premešata. Pustite 5 minut, dokler se ne zmehča. Stopite, odkrito, na odmrzovanju 2½–3 minute. V sekljalnik dajte skuto, skuto, marmelado, sladkor in rumenjake ter zaženite stroj, dokler se sestavine dobro ne premešajo. Postrgajte v veliko skledo, pokrijte s krožnikom in ohladite, dokler se le ne začne gostiti in zaokroži rob. Iz beljakov in soli stepemo trd sneg. Eno tretjino stepite v sirno mešanico, nato pa preostanek vmešajte s kovinsko žlico ali lopatko. Enakomerno razporedimo po piškotni podlagi. Rahlo pokrijte s kuhinjskim papirjem in ohladite vsaj 1 uro, dokler se ne strdi.

Malinovo plast naredimo tako, da vodo in želatino damo v skledo in dobro premešamo. Pustite 5 minut, dokler se ne zmehča. Stopite, nepokrito, na odmrzovanju 1½–2 minuti. Zmešajte z malinovim pirejem in sladkorjem. Pokrijte s folijo ali filmom za živila (plastično

209

folijo) in ohladite, dokler se le ne začne gostiti in strgati okrog roba. Smetano stepamo do mehke gostote. Eno tretjino stepite v sadno mešanico, nato pa preostanek vmešajte s kovinsko žlico ali lopatko. Enakomerno porazdelite po zmesi za cheesecake. Rahlo pokrijte in ohladite nekaj ur, dokler se ne strdi. Za serviranje potegnite z nožem, namočenim v vročo vodo, po notranjem robu, da se kolač zrahlja. Odpnite pločevino in odstranite stran. Vrh okrasite s sadjem. Z nožem, pomočenim v vrelo vodo, narežemo na porcije.

Cheesecake iz arašidovega masla

Služi 10

Za osnovo:

100 g/3½ oz/½ skodelice masla

225 g/8 oz/2 skodelici drobtin ingverjevega piškota (piškotka).

Za preliv:

90 ml/6 žlic hladne vode

45 ml/3 žlice želatine v prahu

750 g/1½ lb/3 skodelice skute (gladka skuta)

4 jajca, ločena

5 ml/1 čajna žlička vaniljeve esence (izvleček)

150 g/5 oz/2/3 skodelice strjenega (super finega) sladkorja

Ščepec soli

150 ml/¼ pt/2/3 skodelice dvojne (težke) smetane

60 ml/4 žlice gladkega arašidovega masla, na kuhinjski temperaturi

Sesekljani rahlo soljeni ali navadni arašidi (neobvezno)

Za pripravo osnove stopite maslo, nepokrito, na odmrzovanju 3–3 minute in pol. Vmešamo piškotne drobtine. Razporedite po dnu vzmetnega modela (ponve) s premerom 20 cm/8 in ohladite 20–30 minut, dokler se ne strdi.

Za pripravo preliva dajte vodo in želatino v posodo in dobro premešajte, da se premešata. Pustite 5 minut, da se zmehča. Stopite, nepokrito, na odmrzovanju 3–3 minute in pol. V sekljalnik dajte sir, rumenjake, vanilijevo esenco in sladkor ter zaženite stroj, da postane gladka. Postrgajte v veliko skledo. Iz beljakov in soli stepemo trd sneg. Smetano stepamo do mehke gostote. V sirno zmes izmenično vmešamo beljake in smetano. Nazadnje vmešajte arašidovo maslo. Enakomerno razporedite po pripravljenem modelu, dobro pokrijte in ohladite vsaj 12 ur. Za serviranje zapeljite z nožem, pomočenim v vročo vodo, ob strani, da se zrahlja. Odpnite pločevino in odstranite stranice. Po želji okrasite s sesekljanimi arašidi. Z nožem, pomočenim v vrelo vodo, narežemo na porcije.

Služi 10

Pripravite kot Cheesecake s kikirikijevim maslom, vendar arašidovo maslo nadomestite z limonino skuto.

Služi 10

Pripravite kot Cheesecake s kikirikijevim maslom, le da arašidovo maslo nadomestite s čokoladnim namazom.

Sharon sadna torta s sirom

Služi 10

Recept, ki mi ga je poslala gospa iz Nove Zelandije, temelji na paradižniku podobnem sadju tamarillo. Ker jih ni vedno enostavno dobiti, so zimski šaron občudovanja vreden nadomestek ali celo podobni kakiji, če so zelo zreli.

Za osnovo:

175 g/6 oz/¾ skodelice masla

100 g/3½ oz/½ skodelice svetlega mehkega rjavega sladkorja

225 g/8 oz sladnih drobtin biskvita (piškotka).

Za nadev:

4 sadje sharon, narezano

100 g/4 oz/½ skodelice svetlo mehkega rjavega sladkorja

30 ml/2 žlici želatine v prahu

30 ml/2 žlici hladne vode

300 g/10 oz/1¼ skodelice kremnega sira

3 velika jajca, ločena

Sok ½ limone

Vzmeten model (ponev) s premerom 25 cm/10 temeljito sperite in pustite mokrega. Stopite maslo ali margarino, nepokrito, na odmrzovanju 3–3 minute in pol. Vmešamo sladkor in piškotne drobtine. Enakomerno pritisnite na dno pekača. Med pripravo nadeva za torto ohladite.

Za nadev dajte šaron v posodo in potresite s polovico sladkorja. Želatino damo v skledo in vmešamo v vodo. Pustite 5 minut, dokler se ne zmehča. Stopite, nepokrito, na odmrzovanju 3–3 minute in pol. V ločeni skledi stepite sir, dokler ni mehak in puhast, nato pa vmešajte želatino, rumenjake, limonin sok in preostali sladkor. Beljake stepemo v trd sneg. Zmešajte v sirno zmes izmenično s šaronom. Z žlico prelijemo po piškotni podlagi in ohladimo čez noč. Za serviranje potegnite z nožem, namočenim v vročo vodo, po bokih, da se zrahljajo, nato odpnite pločevino in odstranite stranice.

Borovničev Cheesecake

Služi 10

Pripravite kot Sharon Fruit Cheesecake, vendar zamenjajte 350 g/12 oz borovnic za sharon sadje.

Pečen limonin kolač s sirom

Služi 10

Za osnovo:

75 g/3 oz/1/3 skodelice masla, na kuhinjski temperaturi

175 g/6 oz/1½ skodelice drobtin digestivnega piškota (Graham krekerja)

30 ml/2 žlici prahu (super finega) sladkorja

Za nadev:

450 g/1 lb/2 skodelici srednje mastne skute (gladke skute), na kuhinjski temperaturi

75 g/3 oz/1/3 skodelice prahu (super finega) sladkorja

2 veliki jajci, na kuhinjski temperaturi

5 ml/1 čajna žlička vaniljeve esence (izvleček)

15 ml/1 žlica koruzne moke (koruznega škroba)

Drobno naribana lupinica in sok 1 limone

150 ml/¼ pt/2/3 skodelice dvojne (težke) smetane

150 ml/5 oz/2/3 skodelice kisle (mlečne kisle) smetane

Za pripravo osnove stopite maslo, nepokrito, na odmrzovanju 2–2 minuti in pol. Vmešamo piškotne drobtine in sladkor. Dno in stranico posode s premerom 20 cm/8 obložite s filmom za živila (plastično folijo), tako da rahlo visi čez rob. Podlago in stranice obložimo z biskvitno zmesjo. Kuhajte brez pokrova na polni moči 2 minuti in pol.

Za nadev stepite sir, dokler se ne zmehča, nato pa vmešajte preostale sestavine razen kisle smetane. Nalijte v posodo za drobtine in ohlapno pokrijte s kuhinjskim papirjem. Kuhajte na polni moči 12 minut, posodo dvakrat obrnite. Torta je pripravljena, ko se v sredini opazi nekaj premikanja, vrh pa se rahlo dvigne in šele začne pokati. Pustite stati 5 minut. Vzamemo iz mikrovalovne pečice in nežno namažemo s kislo smetano, ki se bo na vrhu strdila in izenačila, ko se bo torta ohladila.

Cheesecake iz pečene limete

Služi 10

Pripravite ga kot pečeno limonino torto s sirom, vendar limono nadomestite z lupino in sokom 1 limete.

Pečen Cheesecake iz črnega ribeza

Služi 10

Pripravite kot pečeno limonino torto s sirom, vendar ko je popolnoma hladna, jo namažite po vrhu s kakovostno marmelado iz črnega ribeza (konzervirajte) ali s sadnim nadevom iz konzerve črnega ribeza.

Pečen malinov Cheesecake

Služi 10

Pripravite kot pečeno limonino torto s sirom, vendar koruzno moko (koruzni škrob) nadomestite z malinovim blancmange prahom. Po vrhu okrasimo s svežimi malinami.

Čokoladni fondue

Za 3–4 porcije

200 g/7 oz navadne (polsladke) čokolade
150 ml/¼ pt/2/3 skodelice dvojne (težke) smetane
15 ml/1 žlička viskija, ruma, brandyja ali likerja z okusom pomaranče
ali 5 ml/1 žlička vaniljeve esence (izvleček)
Majhni piškoti, marshmallows in/ali koščki svežega sadja za postrežbo

Čokolado nalomimo in damo v skledo. Odkrito stopite pri odmrzovanju 4–5 minut, dokler se ne zmehča. Vmešajte smetano in odkrito segrevajte na odmrzovanju približno 1½ minute. Vmešajte alkohol ali vanilijevo esenco. Postrezite toplo s piškoti, marshmallow in/ali koščki svežega sadja za pomakanje.

Pomarančni čokoladni fondue

Za 3–4 porcije

Pripravite kot čokoladni fondi, vendar uporabite samo Grand Marnier, Mandarine Napolean liker ali Cointreau. Začinite s 5 ml/1 žličko drobno naribane pomarančne lupinice.